物価の歴史

平山賢一 著

HISTORY OF PRICES

中央経済社

はじめに

「2%のインフレ率は、高いのか?」
「金利は、ときどきマイナスになるものなのか?」

このような疑問は、われわれの生活にとって大切であるにもかかわらず、学校の教科書には書かれていない。モノを買うタイミングや、住宅ローンの金利選択だけでなく、資産運用でも必要な知識であるにもかかわらず、放置され続けている。戦争の話や英雄の一生、そして世の中の仕組みについての解説はあるが、肝心な「物価の歴史」や「金利の歴史」が、スッポリと抜け落ちているのである。

そこで、本書では、金利とも密接に関わる物価の歴史をひもとき、様々な疑問や社会課題に対するヒントを提案したい。その内容については、歴史学者や経済学者の知見に基づくだけに高度なレベルも含まれるが、多くのグラフを各所に散りばめて、できるだけ目で見てイメージできるようにしている。その際、われわれが注目すべきことは、「モノとカネの関係」である。物価史も金利史も、この関係に集約されるからである。そこで、はじめに両者の基本的な関係について確認しておこう*1。

*1 本書では、「カネ」「貨幣」「通貨」という用語を次のように定義して使用している。「モノ(財やサービス)」と比較する場合には、「カネ」を用いている。「貨幣」および「通貨」は、ほぼ同じ意味であるものの、交換や流通の手段として機能や国際的な決済制度を強調する際には「通貨」を用いている。

昔から人々は、モノ（財やサービス）を交換し、カネや信用（将来に支払う約束）により決済（仲介）してきた。そのため、人類の歴史は、交換の歴史であると言ってもよいだろう。すべてのモノが万人に共有される社会であればいざ知らず、モノが個人や特定の団体により所有される社会では、必ず不足と余剰が生じるはず。この過不足を調整するために、交換が生まれる。

はじめは、仲介に便利とされる大麦・牛といったモノ自体をカネとして使ってきた。それ自身が商品としての素材の価値をもっており、それぞれの社会の歴史的、社会的事情によって、石、貝殻、布（反物）、家畜、穀物などが選ばれたのである。商品そのものであったから、商品（物品）貨幣と呼ばれている。[*2] 歴史的には、金や銀、銅や鉄といった金属を素材とする金属貨幣、それを裏付けに発行される兌換紙幣、裏付けとせずに発行される不換紙幣などが主流化していった。一方、信用は、将来の支払いを約束する貸し借りとして始まった。商品貨幣は、商品が元々もっていた価値を基にしており、信用は、特定の限られた地域や共同体における債権債務の関係が原点になっている。[*3]

このカネは、モノの価値を計測するモノサシ（尺度）の役割も果たしてきた。このモノサシを基準に、モノごとの価格が決まる。その上で、世の中の様々な価格を総合的に表したものが物価である。そのため、モノとカネの関係をめぐる歴史は、物価の歴史と言い換えられる。物価は、様々な要因に左右され時間の経過を伴い変化していく。一般に、物価変動は、時間の経過に伴い物価が変化した比率であるインフレ率（物価上昇率）で示される。この物価は、日々、

＊2　銀や金といった金属貨幣も商品貨幣として捉えることが可能である。

＊3　現代の金融論では、政府や中央銀行によって発行されたものを「外部貨幣」、銀行などの民間部門が発行する債務が決済機能を果たすようになったものを「内部貨幣」と呼ぶ。「外部貨幣」の淵源として、貴金属を含む商品貨幣などを位置付け、「内部貨幣」の淵源として、特定の社会内部の債権債務関係（信用）などを位置付けうる。詳しくは第4節を参照。

上下動を繰り返しているが、長期で見ると波動をもって変化しているのが確認されている。

その周期は常に一定ではないものの、おおむね物価史をひもとくと、モノが大事にされる時代とモノがないがしろにされる時代が繰り返されてきたのが明らかになる。モノが大事にされる時代はモノの希少性（入手可能性の低さ）が高まる時代であり、物価が上昇傾向で推移するため、インフレ率も高くなりやすい。インフレ率はモノの希少性を示すシグナルと考えてよいだろう。人々が欲している需要に比べて、供給が少なければ、それだけモノの魅力度である希少性が高まるわけである。早めにモノを確保しておこうとする行動が特に活発になれば、多くの人々は、カネをカネのまま貯め込まずに早くモノに変えようとする。逆にモノが世の中で大量に出回り、余ってしまうならば、希少性が低下した分だけ物価は下落する。インフレ率も低下しやすくなるが、時としてマイナスにもなる。このような時には、カネをモノに変えずに、カネのまま貯め込んでおこうとするため、モノがないがしろにされる時代である。

ところで、一般に、将来受け取るカネを現在受け取るためには、金利（利子・利息）を払わなければならない。将来返済する見返りに借金する際には、一定の金利を払うと考えれば合点がいくだろう。多くの人々がカネをモノに変えようとすれば、世の中のカネが不足気味になるため、カネの希少性も高まり、金利が上昇する。逆に多くの人々がカネを貯め込めば、それだけ世の中のカネがだぶつくため、カネの魅力度は低下するだろう。この時希少性の低下したカネを調達するための金利には、低下圧力がはたらくはずである。そのように考えると、金利はカネの希少性を示すシグナルと考えてよい。

多くの人は、この金利とインフレ率を比較して、モノを早く手当てすべきか否か判断している。インフレ率が金利よりも高ければ、カネを借りてモノを早く手当てするが、逆の場合は、カネを借りないばかりか、できるだけカネのまま金融機関に預けて利息収入を得るだろう。実際には、借入金利と預金金利の水準は同じでないため、状況次第により異なるが、モノとカネに対する人々の選好（選択対象に対する好み）は、インフレ率と金利の関係に左右される。そのため、物価の歴史を探ることは、そのまま金利の歴史を究めることにほかならないのである。人々の経済活動をモノの側面から見る際には、インフレ率を指標とし、カネの側面から見るならば金利を指標と考えればよいのである。つまり、モノとカネの関係は表裏一体であり、希少性が高まる時代と低下する時代が繰り返されるのである。

歴史をひもとくと、この関係は1つの方程式にまとめられるようなものではなく、人口・技術・社会体制・国際関係など様々な要素に左右されながら、変化している。本書では、両者の関係が、様々な要素によってどのように変化してきたのかを明らかにするものである。読者にあっては、歴史上のモノとカネの関係が、現在の状況と近似しているのか、それとも異なるのかを確認しながら、今後の物価や金利の未来をイメージしていただけたら幸いである。

本書の構成は、モノとカネの関係の歴史を明らかにするために、「物価の歴史」を30項目のテーマに絞って記している。紙幅の関係から、物価史のすべての重要項目をカバーしきれているものではないが、著者が重要と考える歴史上の出来事を主軸に取り上げたつもりである。本書は、世界パートと日本パートに区分しているが、世界パートについては、データの豊富なイングランドを主軸にした欧米が中心の著述になっている。特に近世以前はGDPの規模が大きかった中国の物価史や金利史について、本来は紙幅を割くべきだが今後の課題としたい。

また、物価の歴史については、物価指数や小麦価格・製品価格、実質賃金といったデータを取り扱っているが、特に金利以外の通貨制度の転換や国際金融システム、そして外国為替レートについては、「カネをめぐる歴史①〜⑫」として各時代に織り込んである。各項目の表題は、この「カネをめぐる歴史①〜⑫」を除くと、すべて項目ごとに「どのような疑問の回答になっているのか」が分かるように設定しているので、興味のある項目を拾い読みしていただいてもよいだろう。さらに本書は、カネの指標である金利に軸足を置いた「金利の歴史」も姉妹書として同時に出版している。読者にあっては、どちらの書籍からでも読み進めて、物価史・金利史の謎を1つでも多く解き明かしていただければ幸いである。

なお、本書における内容は、筆者の所属する組織の意見を表明したものではなく、個人的見解である。また、筆者と出版社は、本書内のデータ・分析およびその他すべての内容の正確性を保証するものではない。そのため、本書の内容の使用等により、直接的・間接的に生じる結果に対して、筆者と出版社は一切の責任を負わない。

目　次

序章
物価の歴史を学ぶということ

◆物価指数と長期波動

物価の歴史を眺望する際に問われるのは、何を基準に物価変動の歴史を把握すればよいのかという点である。物価は、財やサービスの価格を総合的・平均的にみたものであるが、様々な種類があり、生活に直結する食品価格やガソリン代といった消費者の手に届く時点での物価もあれば、漁師が魚を持ち込む市場や中東で産出された原油価格など卸売時点での物価もある。財やサービスが消費されるまでの流通の各過程次第で、物価の変動も異なるため、基準を決めておく必要がある。一般に、企業間での取引や卸売段階での物価変動は激しく大きく、最終的な消費者に届く段階での物価変動は緩やかに小さくなる傾向があるからだ。

この過程・段階ごとに、物価の変動を指標化したのが物価指数になる。企業間で取引される中間財や原材料の段階で、平均的な価格の動きを測定したのが「卸売物価指数（もしくは企業物価指数）」、消費者が購入する財やサービスの平均的な価格の動きを測定したのが「消費者物価指数」である。[*1] これらの指数では、卸売物価指数よりも消費者物価指数の変動率が小さくなることが多い。

現在、われわれが物価の変動をイメージする際には、このうち消費者物価指数の前年同月対比の変化率を用いるケースが多く、日本銀行が定める物価安定の目標（前年比上昇率２％）も、消費者物価指数の動向を特に注視してきた。[*2] さらに、われわれの賃金や給与も、労働の対価としての物価の一種と捉えることも可能だろう。また土地の価格や株価といった資産価格の変動

＊1　物価指数の歴史については、日本銀行調査統計局（２０００）、１２６～１２７頁参照。歴史を振り返ると、各国・地域で指数対象や算出手法により、生産者物価指数、小売物価指数など多様な物価指数が算出されてきた。

＊2　日本銀行では、基調的なインフレ率を捕捉するために、様々な一時的要因の影響を取り除いた基調的なインフレ率（各種のコア指標）を利用している。

も、広い意味では物価に含めて考えうるため、物価の変動も多角的に捉えていく必要があると言えよう。

この多様な物価変動を捉える際に、第2次世界大戦以降のデータの把握は、容易である。それに対して、20世紀初頭以前になると、データの取得が難しくなるため、物価が数百年単位でどのように変動してきたのかという「長期波動」を確認する難易度は、大幅に高まる。欧州史でも、特にローマ帝国が衰退期を迎え、中世に至るまでの期間についてのデータの取得は困難を極めるとされている。このデータ取得可能性の低さから、物価の歴史を振り返る際には、そのデータが特定の時期に限られる、もしくは一部の地域に限られるという制約が課せられるケースが多い。この制約を許容して、おおまかな変動やパターンを理解しなければいけないのが、物価の歴史をひもとく場合の注意点である。

たとえばローマ時代以前の研究として、H・ファーバー（Howard Farber）による古バビロニアの物価研究が挙げられる。これは、紀元前の特定の時代の、バビロニアという特定地域に限定された研究ではあるが、物価の変動が発生していた事実が確認できる。

詳細は次章で詳しく記すが、そのパターンが現代の物価にも見出されるため、より長期でのデータ系列の探求が新たなパターンの発見につながることもある。容易にデータが得られないと言って諦めるのではなく、データ活用の機会を探ることは、現代をより深く理解するためのツールになるのである。以下では、その事例の1つを本書の冒頭にあたって紹介しておきたい。長期にわたる金価格がどのように推移したのかという事例である。コロナショック以降に上昇基調をたどった金価格も、観察する期間の長短によって見え方が異なってくる点で興味深いはずである。

◆金価格と物価の関係

われわれは、資産運用に際して、金地金は実物資産であるため、一定程度、インフレ対策にも適した資産であるとの通説を信じていないだろうか。確かに近年の傾向として金価格は消費者物価指数を上回ってきたかもしれないが、常に同様のことがいえるとは限らない。そこで金価格は、長期で見たときに一般物価の代表である消費者物価指数を上回ってきたのかを、本書の冒頭にあたり、事例の一つとして確認しておきたい。

図表0-1は、米国における金価格と消費者物価指数の推移を、1880年を基準（＝1.0）として示したものである。まず目につくのは、1930年代を除くと、ニクソン・ショックが発生する1971年までは、金価格が横這いで推移する時期が長かった点であろう。1879年に米国は、事実上の金本位制に移行したことから、一時的に金本位制を離脱した時期を除くと、米ドル

図表0－1　米国における金価格と消費者物価指数

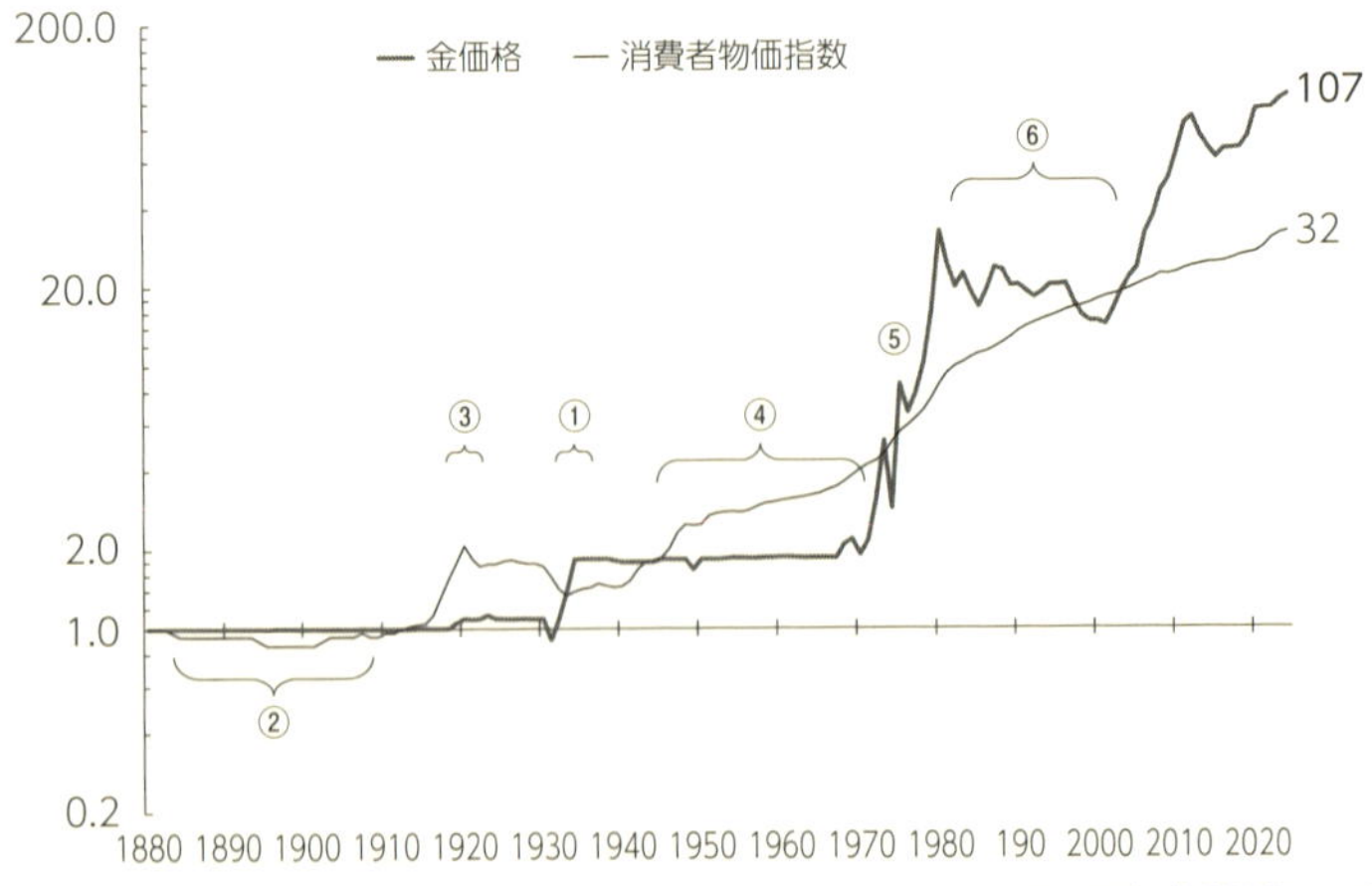

（出所）NMA、WGC、OECD、「アメリカ歴史統計」等のデータを基に作成（1880年＝1.0、2024年２月まで）。

は金に裏付けられて発行された通貨であったからである。金と米ドルとがリンクしているならば、金の米ドル建て価格は、ほぼ固定されたと考えてよい。この固定化された価格を平価と呼んでいるが、１９３４年の金価格の上昇は、米国政府がこの平価を切り下げ（金価格の引上げ）たために発生している（図表0-1の①）。

米国の消費者物価指数は、19世紀末に落ち込み、いわゆるデフレを経験した（図表0-1の②）。しかし、１９１０年代半ばには、第１次世界大戦が勃発して物資の需要が高まったため、一時的に2倍にまで上昇している（図表0-1の③）。この急激なインフレのおかげで、安定的に推移していた金価格を、消費者物価指数は大幅に上回った。米ドル（＝金とリンク）は、物価上昇の影響で、実質的に減価したと言ってよい。仮にドル紙幣を金庫の中で退蔵させていたならば、時の経過とともに購入できる物資の量が減ってしまったはず。通貨としての金も、物価を下回ったと考えてよいだろう。

１９３４年の金平価の切下げは、この関係を一時的に回復させたものの、第２次世界大戦後の経済成長による消費者物価指数の上昇は、相対的に金の購買力を低下させた（図表0-1の④）。この関係が再度調整されたのは、１９７１年のニクソン・ショックであった（図表0-1の⑤）。ニクソン・ショックにより、米ドルと金とのリンクが断ち切られたため、金価格は糸の切れた凧のように急上昇している。図表0-1で確認してみると、２・０が２０・０超にまで上昇したため、１９７０年代の金価格は約10倍になったのである。米ドルとリンクした通貨としての金が切り離され、実物資産であるモノとしての金に位置づけが転移した衝撃は、非常に大きかったのである。

この1970年代には、消費者物価指数も大幅なインフレを記録していたものの、それ以上に金価格の加速は著しかった。ニクソン・ショック以前とは打って変わって、金価格は物価を上回ったのである。仮に金地金を保有していれば、インフレに苦しんだ時代であるにもかかわらず、購買力を増強できたのである。

その後、1980年代から2000年にかけては、金価格は緩やかに低下する一方、消費者物価指数は上昇基調をたどった（**図表0-1**の⑥）。そのため、消費者物価指数を抜き去った金価格との差が、21世紀初頭にかけて解消されたのである。この間、金地金を保有していた投資家は、上昇する物価についていけずに、購買力を減じたはずだ。

このように、金価格と消費者物価指数は、抜きつ抜かれつというデッドヒートを繰り広げたのである。100年超の期間で両者の関係をみると、金価格が物価を上回る数十年間と、逆に下回る数十年間は、順番に繰り返し到来している。2020年代前半は、消費者物価指数を上回るペースで金価格が上昇する時代に相当し、1880年を基準にすると、消費者物価指数が32倍にまで上昇しているが（2024年2月現在）、金価格はそれを大きく上回る107倍にまでなっている。この歴史的な推移が意味するのは、金価格も物価も、長期で見たときには上昇基調にあるということに加え、どちらか一方が相対的に上昇するのではなく、数十年単位で位置づけが逆転していくというパターンを描いているということである。足元のデータだけからは浮かび上がらない事実であり、物価の歴史や金利の歴史をデータに基づき確認していく醍醐味であると言ってよい。

金価格と物価の関係について米国の事例を見たが、わが国の場合については**図表0-2**に示している。まず気になるのは、1880年を基準（＝1・0）とした場合、現在の金価格が14、432倍、消費者物価指数が5、336倍にまで上昇しているという点であろう（2024年2月現在）。米国と2桁違うのは、異常である。この理由は、第2次世界大戦期の100倍程度の日本国内の物価上昇により、日本円の購買力が大幅に低下したからである。

図表0-2では、1940年代半ばに物価が約100倍になっているのが確認されよう（**図表0-2**の①）。敗戦による混乱が生活を直撃し、激しいインフレーションとなって塗炭の苦しみを庶民に味わわせたのである。戦争ほど悲惨なものはない。現在も戦禍は世界中至る所に存在しているが、最終的に苦しむのは、庶民であることを忘れてはいけない。

気を付けなければいけないのは、この非連続面では、本書後半で詳しく記すが、公定価格よりも闇価格が先行的に上昇している点である。統計上は、終戦後に大幅な物価上昇が発生しているように見えるが、闇物価は戦時末期に大幅に上昇していたと推計できるため、

図表0-2　日本における金価格と消費者物価指数

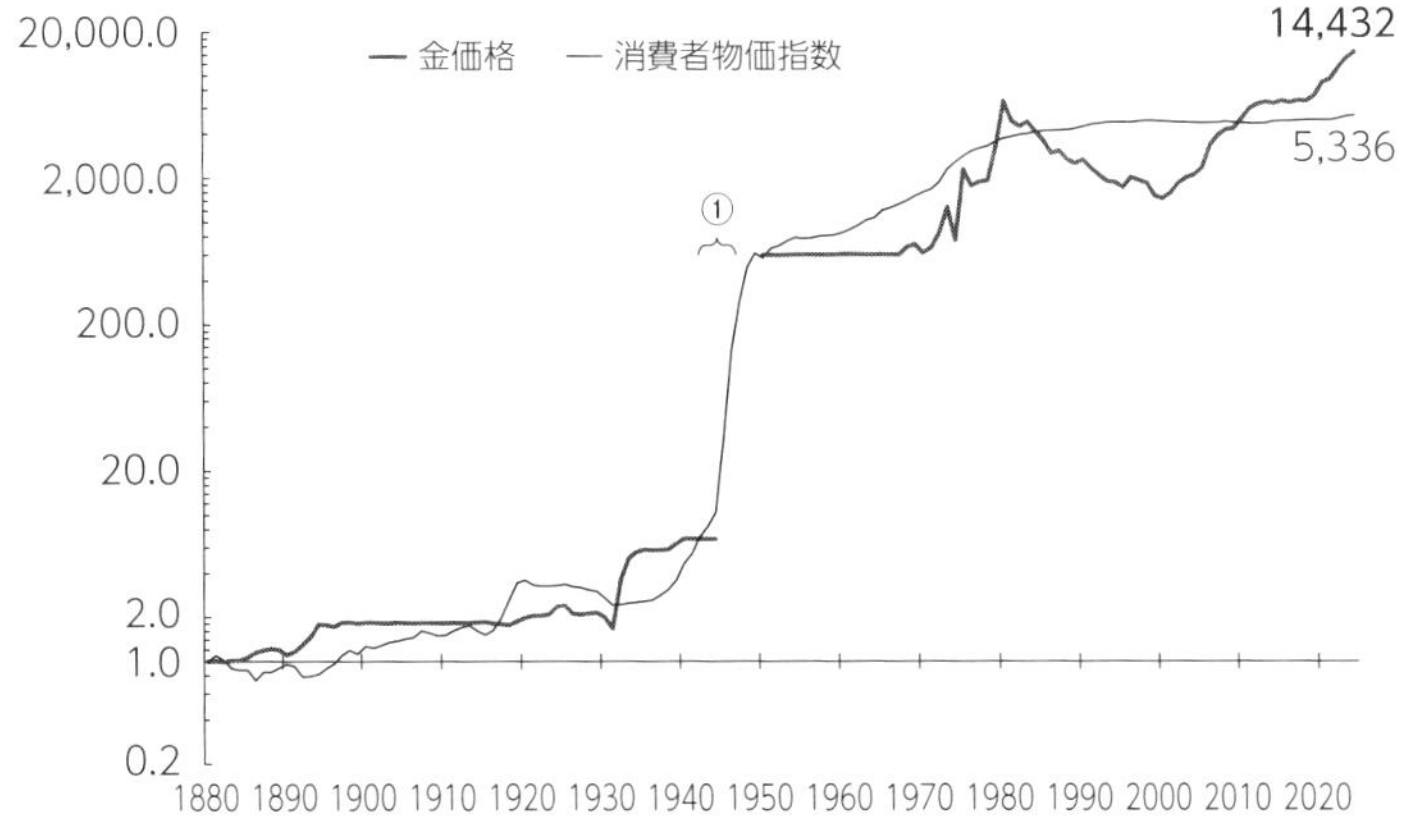

（出所）NMA、WGC、日本銀行百年史編纂委員会（1986）『日本銀行百年史 資料編』、日本銀行総務省等のデータを基に作成（1880年＝1.0、2024年２月まで）。

物価上昇は、**図表0-2**で示す以上に長期にわたり続いたと考えるべきだ。多くの人々にしてみれば、終戦後の一時期だけでなく、戦時中から辛酸を嘗め続けたのである。

この水準の違いを別にすると、金価格と物価の関係は、わが国でも米国のパターンに近似しているのが確認されよう。数十年ごとに両者の優劣は、逆転を繰り返してきたのである。ニクソン・ショック以前には、金と日本円の価値が結び付けられていた時代が長かったが、その時代にあっても、両者の関係は数十年単位で逆転している。もちろん、ニクソン・ショック後も、両者の関係は金優位→金劣位→金優位という具合に変化している。

あくまでも、このパターンが再現されても、相対的な位置づけであるという点には注意が必要であろう。金価格が劣位になっても、物価上昇の加速が激しければ、金価格が下落するとは限らないからだ。いずれにしても、金と通貨がリンクしていた時代だけでなく、ニクソン・ショック後の変動相場制の期間を含めても、金価格と物価は優劣を繰り返しているという点は、頭の片隅に置いておいても損はないだろう。このように、時間軸を長期に拡張すると、従来、気がつかなかったパターンが浮かび上がってくる。以下では、30のテーマに絞り、物価の歴史を通して、現在の位置づけを考えていくことにする。

第1章

第1の波
古バビロニアから中世ヨーロッパ

1 昔から実質賃金が問題だった？ 古バビロニアの物価変動と物価の長期循環

前述のH・ファーバーは、古バビロニアの一般物価の変動パターンが類似していたものの、土地価格は独立して変動する傾向があったとしている。私たちの生活に必要な生活必需品（大麦や油など）の価格の上下動は似たような動きをするが、土地の価格変動は、一般物価とは異なる動きをするというわけである。たとえば、後述するが１９８０年代の日本では、消費者物価指数の上昇率は落ち着いていたものの、土地価格や株価が急上昇したのと同じである。

また、法典の制定で著名なハンムラビ王（Hammurabi、在位期間紀元前１７９２～１７５０年）の時代には、牛や家賃などの一般物価は下落していたが、賃金（銀払い・大麦払い）は上昇傾向で推移していたため、多くの人々が得る実質賃金が上昇していたことも明らかにされている。実質賃金とは、一般物価の変動を調整した賃金であり、受け取る賃金（名目賃金）の上昇率が、一般物価の上昇率（インフレ率）を上回っているか、下回っているかを示したものである。２０１０年代末の日本では、一般物価が上昇しているにもかかわらず、名目賃

古バビロニア時代の武器もしくは王笏を持った支配者

金がそれほど上昇しないケースが多かった。インフレ率よりも名目賃金上昇率が低かったため、実質賃金が低下したのである。物価の上昇の割には賃金が上昇せずに、多くの人々の生活が苦境に陥る問題が指摘されただけに、古代も両者の格差をめぐる問題意識が存在していたと想定される。昔から実質賃金の動向が、社会の主たる課題の1つだったのである。

さらに、ハンムラビ王の後継者であるサムス・イルナ王（Samsu-Iluna、在位期間紀元前1749～1712年）の時代に一般物価は2.7倍になっていることが示されている[*1]。同研究では、その理由については明確に記されていないが、同時代に多くの戦争が繰り広げられる中で、支配領域が縮小していたことも理由の1つと考えられよう。特に、戦乱期に国家が衰退する際に、顕著に物価が上昇したものと考えうる。これは、近現代での大規模戦争の帰結と共通しており、時代を超えたパターンと言えるだろう。

そして、紀元前1750年以降には、顕著な物価上昇が発生し、物価の大きな変動が発生したが、古代においても一般物価が数十年単位で長期循環したことが示されている。これに加えて、古代エジプトにおける人口動向・ナイル川の変遷・王家の興亡と物価の関係、ギリシャ時代における紀元前4世紀頃の物価上昇に伴う価格革命、ローマ時代における3回にわたる物価上昇（紀元前240年から同210年、紀元1世紀から2世紀、紀元324年から360年）など、物価に関する長期循環の存在が認められる事例が多く確認されている。これらの長期循環は、現代のエネルギー価格の長期物価循環を考える上でも参考になる。物価の歴史を見る際に、データの制約はあるものの、長期循環に着目して歴史を遡ることは意味があると言えよう。

＊1　Farber（1978）、38頁参照。

2 物価は長期循環を描く？低位・均衡期から上昇・変動期、そして安定化期へ

本書では、物価の歴史を眺望する際に、長期にわたる物価史の研究であるD・フィッシャー（David Hackett Fischer）が示す長期循環のパターンに注目したい。この研究は、物価の変動を単なる経済指標の1つとするのではなく、人口、貨幣、社会心理といった多面的な要因の関係性に注目して説明しようとするものである。説明の枠組みは、物価の長期循環を、物価が均衡している状態（物価安定・均衡期）から物価上昇する期間（物価上昇・変動期）を経て、物価上昇が消失していく期間（物価安定化期）に区分して捉えていこうとするものである。それぞれの期間の特徴を示すと以下のようになる。

◆物価安定・均衡期

第1に、物価安定・均衡期は、農産物・エネルギー価格や製品価格が安定的に推移する一方

で、実質賃金は上昇し、地代や金利水準が低下する時期である。この局面では、一般社会の雰囲気は、富裕層の地代・金利収入が低下する一方、一般の人々が受け取る実質賃金が上昇するため、社会的格差が縮小する。社会全体の均質性が増し、対立も表面化しにくくなる。安定した社会で良好な生活環境を享受できるため、人々の早婚化が進むようにもなるだろう。出生率の上昇が総人口の増加率を底上げする傾向が確認できる局面と言える。

この人口増加のペースアップは、農産物やエネルギーの需要を拡大させ、需給逼迫現象を生じさせるだけに、物価の安定がゆらぐ。主要な農産物は地域により異なり、大麦や小麦といった穀物に限らず、牛・山羊・魚なども含み、さらにエネルギー源としては、薪・木材（森林）などが相当する。やがて、生活に必要な物資の希少性が高まり、際だった物価の上昇トレンドが発生するようになる。農産物・エネルギー等の生活必需品の供給量を、需要が上回ったからといっても、速やかに増やすのは難しいため、価格上昇が目立つようになるはず。人口増加率の上昇は、まず生活に直結する原材料（コモディティ）を中心とした物価上昇から始まるのである。

一方、原材料を加工してつくる製品の供給量は、加工を担当する労働者数の増加により賃金が低下するため、物価上昇は一定程度抑え込まれる傾向がある。逆を言えば、上昇していた賃金が抑え込まれ、原材料価格の上昇に追随できなくなるため、実質賃金は低下し始める。さらに、人口増加を背景にした原材料に対する需要超過は、それを供給するための土地や設備だけでなく、それを購入するための資金需要を高めるだろう。つまり最終的には、地価・地代や金利の上昇を誘発するに至るのである。

◆物価上昇・変動期

第2に、この緩やかな物価上昇も、一定水準内で収まっていればよいものの、やがてレンジをブレークし、物価上昇・変動期に至る。物価上昇に気づく人々が少数派から多数派に移行し、「物価は、上昇するから、さらに上昇する」という自己実現的な加速過程に突入する。自らが提供する財やサービス以外の価格も上昇するのだから、早めに値上げしておこうという具合に、スパイラル現象が発生するのである。この局面では、農産物・エネルギー価格に加えて製品価格も上昇し、さらに金利・地代の上昇も加速するものの、賃金の上昇は追いつかないため、実質賃金は急落してしまう。労働者に加え、収入が限られている年金生活者も、購買力が落ちて家計運営が苦しくなる。富裕層（地主・銀行家を含む商人など）と労働者・年金生活者の格差が拡がるため、社会の不満が蓄積して安定性が阻害され、治安状態は悪化することになる。

富裕層は、地代や金利の上昇を享受し、政府（王室）よりも強大になり、そのパワーを背景に富裕層にとって都合のいい優遇税制等の政策を政府に強要するケースが散見されるようになる。政府は、この政策実施による税収減と、社会政策実施のための歳出増との板挟みから、ますます財政赤字の拡大に追い込まれるだろう。また、歴史上のパターンとして指摘できるように、増大する財政赤字は、政治的安定性をも歪め、国家間の戦争も頻発する火種となってきた。

国家の経済的基盤の脆弱化は、戦争による略奪での解決や、人々の目線を外部の敵に向かわせることを促したからである。戦乱は、戦争物資への需要の拡大や復興需要の連想から、さらなる原材料・製品への需要を高めるため、物価上昇のペースが加速する。この戦乱は、平和を取り戻したと安心すると再び戦争状態に戻るという具合に、一定期間ごとに繰り返される傾向があり、それに応じて物価上昇と物価下落も繰り返される傾向がある。このように物価上昇・変動期には、ジェットコースターのように物価上昇と下落を繰り返しながら、物価が切り上がっていく変動期になる。その上、社会の不安定化は、経済活動の見通しを読みにくくさせるため、新たな雇用創出や賃金上昇の可能性をも低下させる。雇用関係も不安定になり、失業率を高めるため、社会全体が経済危機の泥濘にはまると言ってよいだろう。

◆物価安定化期

第3に、この混乱した物価上昇・変動期も、やがて天候の変化や、疫病の拡散による人口減などをきっかけに落ち着きを取り戻し、物価安定化期が訪れる。その反動が大きい場合には物価水準そのものが下落するデフレーションになるが、緩やかな場合はインフレ率が低下するディスインフレーションになる。この局面では、主に実質賃金のみが高止まりする中で、原材料や製品価格といった一般物価水準が低下し、金利・地代も低下する。時間の経過とともに混乱と物価上昇・変動が緩和されて物価も安定化し、再び元の安定・均衡期に戻るというのが、

D・フィッシャーによる物価の長期循環パターンである。

物価の歴史事例として、このパターンが常に当てはまるわけではないが、この枠組みを基準としていくと、それぞれの物価変動を把握しやすい。このパターンに対する共通点と相違点を見出せれば、それぞれの長期循環の特性が浮かび上がってくるからである。第1節でみた古バビロニアの事例も、物価安定・均衡期から実質賃金が毀損される物価上昇・変動期を経て物価安定化期に至っているパターンを踏襲している。さらに、物価上昇・変動期には、戦乱を含む政治的な混乱が発生している点も共通点として挙げられよう。このように、物価の長期循環を見ていく際には、一定のパターンと比較しながら分析することが可能である。マーク・トゥエインの「歴史は繰り返さないが韻を踏む」との言葉に示されるように、同じ事例は繰り返されないが、リズムやパターンに共通点を見出していく意味は大いにあると言えよう。

3 カネをめぐる歴史① カネの3つの機能

物価を考えるにあたって、カネとは何かという疑問について整理しておくと都合がよい。まず「パン屋でパンを買う購入代金としてのカネと、株式取引所で扱われる資本としてのカネは、同じなのか、それとも違った種類のものか？」[*2]という問いから始めたい。この疑問に対する答えをはっきりさせるためには、その機能（はたらき）について考えるとよい。一般に、カネは３つの機能を持つと説かれている。①価値の尺度としてのカネ、②交換手段としてのカネ、③価値の貯蔵手段としてのカネの３つである。①の尺度については、様々な財やサービスの価値をカネという基準で一律に評価するという機能である。同じパンでも、クロワッサンとフレンチトーストでは微妙に価値の差が生じるはず。この違いをカネという数値で計測するわけだ。また、その価格を受け入れれば、パンの見返りにカネを支払う。パン屋でパンを買う場合は、②の交換手段としてのカネである。決済手段のカネと言ってもよいだろう。一方、株式取引所で扱われる資本は、将来の配当や株価変動を期待してプール（貯蔵）されるカネであり、③の

＊2　河邑等（２０００）、３頁参照。

価値の貯蔵手段とも言える。

◆カネの機能の変化

従来、経済社会は、この①や②の機能に軸足が置かれていたが、過去半世紀では③の機能が拡大し、貯蔵されている金融資産が膨大になってきている。しかも、そのカネは、広く多くの人々に分散しているのではなく、一部のカネ持ちに偏って保有されて増殖しているため、格差が拡大しているのである。カネの機能が変化し、格差の拡大と結びついていると言ってもよいだろう。もちろん、①や②も、情報技術の発展により、データ処理能力が格段に高度化している影響を受けて変容していることを忘れてはいけない。

①の場合には、カネを基準とするのではなく、異なる次元のデータでモノの価値を計測しようとする動きである。たとえば、ほぼ同じ内容の商品Aと商品Bを比較する際に、製造過程で排出される二酸化炭素量といった温室効果ガスのデータを基準にする際に、商品Aがわずかに安くても、二酸化炭素の排出量が商品Bよりも多いため、商品Bを選ぶという具合に、消費者の選択基準が多様化してきている。この場合、商品Bの需要が高まり、価格も上昇するため、二酸化炭素量という追加的なデータが、カネで計測した商品Bの価格を上昇させ、需要が減った商品Aの価格を下落させるだろう。ただし、二酸化炭素排出量の多寡を気にしない消費者も存在するため、このような消費者は、時間を経て値下がりした商品Aを選ぶはず。このように

数多くのデータを基準に入手できる情報社会では、商品Aと商品Bの評価基準が多様化し、カネという尺度も大きく左右されやすくなる可能性がある。

次に②の場合には、ブロックチェーン技術を基盤に台頭してきた暗号資産（仮想通貨）により決済が可能になれば、現代のカネ（現金や預金）を使わずに交換機能を満たすことができてしまう。これは、政府が使用を強制するカネ（この場合は通貨と言う）の抜け穴を意味する。結果的に、世界基準を提供できるデータ・プラットフォーマーによる仮想通貨構想は行き詰まったものの、各中央銀行がデジタル通貨（ＣＢＤＣ、Central Bank Digital Currency）を具体的に検討している事例もある。民間銀行の預金や資金仲介への影響を考慮しつつ、②の機能のあり方も変化しつつあると言ってよいだろう。

◆価値の貯蔵手段としてのカネと物価

ところで、③価値の貯蔵手段としてカネを保有しても、本当にその価値を維持できているのかという疑問は常につきまとう。モノに対するカネの価値が低下してしまえば（物価が上昇してしまえば）、せっかくカネを貯蔵していても、その価値は減価していくことになる。物価が下落する時期には、同じカネでもより多くのモノが購入できるため、安心してカネを貯め込めるが、逆に物価が上昇すれば、購入できるモノの数量が減ってしまう。カネの購買力（モノを買うチカラ）は、物価次第で変動するわけだ。この物価上昇時の減価を避けるために、カネをそのまま貯蔵するのではなく、取引所で株式を購入し配当を得るようにすれば、物価上昇時の減価を相殺することが可能になるかもしれない。しかし、株価の変動率は大きく、暴落すれば価値の保全どころではなくなってしまうだろう。もしくは銀行に預金して金利を得ることを試みるだろう。それでも金利等が物価上昇率（インフレ率）を上回るとは限らないため、安心して貯め込むことにはならない。将来、パン屋で買うパンを買うためのカネを貯めておきたいだけなのに、パンの価格の先は読めないため、ゆったりと安楽椅子に座りながら、カネの貯蔵機能を十分に満喫できないことになる。

経済学者のシルビオ・ゲゼルによれば、カネを貯蔵し、そして供給する銀行（bank）の語源は、古ゲルマン語のbankiであり、「民族がその住居の周りにめぐらした防塁」という意味を示すとのこと。資産を保全し住民の安全を保証する意味に加え、「安楽椅子」という語義も生まれたとされている。[*3] 安楽椅子に座りながら、蓄えたカネを貯蔵し、金利収入を得て、余裕をもって生活するということを指すのだろう。しかし、価値を貯蔵するというカネの機能を生かそうと、安楽椅子に座って悠然と構えていても、物価の変動はそれを許さない。カネは、人類の歴史とともに存在し、その形を変えながらも価値の計算や交換手段として、その機能を果たしてきたが、価値の貯蔵が十分に機能するためには物価の安定が必要なのである。

カネをめぐる歴史では、特に１９７１年のニクソン・ショック前後にカネの価値が大幅に低下したことが明らかになるだろう。この時期はドル危機と称されるように、基軸通貨に対する信認［Column❶］が低下した時期であった。さらにわれわれは、２００８年のグローバル金

＊3　詳しくは、森野（２０００）、１１８頁参照。

融危機や２０２０年のコロナ危機に直面し、その危機対応として、主要中央銀行のバランスシート（資産や負債などの規模）を急拡大させてきた。その急拡大は、既存通貨に対する信認が持続可能か否かという問いかけを発するものであるとの主張も垣間見られた。中央銀行は、拡大する政府の債務である国債などを保有しつつ、主要な紙幣（ペーパーマネー）を発行し、民間金融機関から準備預金（当座預金）を受け入れているからである。これは、危機への対応が行き詰まれば、政府に対する信認も毀損するとの連想がはたらいたものと言えよう。現在および今後の物価動向を見通す上では、カネの価値がどのようになるのかという点も、大変重要な視点になってくるはずである。第２節で紹介したように、長期で見ると物価は安定しているものではなく、大きな変動に見舞われる局面がしばしば訪れる。カネの価値の貯蔵機能は常に確保されないからこそ、物価の歴史を確認していく作業の意義は非常に大きいと言えよう。

Column❶

信頼、信認、信用

齋藤(2002)では、信頼(trust)、信認（confidence)、信用（credit)について、次のように整理する。「信頼は信認や信用の基礎」であり、「確かなものだと信じ、認定し、受け入れる経済的・法的行為」としての信認と、「後での貨幣支払いを信頼した取引」としての信用を峻別している。また、信用については、「人格的信頼や顧客を尊重する企業に対する信頼、安心としての信頼、信用力に対する信頼という３層構造」になっていると記している。

本書では、仕組みやシステムに対する社会的な信頼に関する場合には「信認」を、安心の裏付け（担保）や個別主体（個人、企業、公的部門）に対する信頼に関する場合には「信用」という用語を使用している。

4 カネをめぐる歴史②
原始貨幣から鋳造貨幣へ

◆4つの貨幣形態

モノとカネの歴史を確認した上で、このカネが歴史とともにどのように変化してきたのかについて記したい。カネの歴史を整理する際には、おおむね、①原始貨幣（primitive money）、②鋳造貨幣、③鋳造貨幣等との交換を約束された兌換紙幣、④鋳造貨幣等を裏付けにしない不換紙幣という4つの貨幣形態を頭に描くとよい。カネは様々な形態をとりながら、われわれ人類の生活を支えてきたのである。

この形態は、並び順で順序よく変化してきたのではなく、併存していることもあり、並び順とは逆行することもある。これらは、社会の実情に応じて変化したカネを、事後的に類型化しただけにすぎず、1970年代以降、多くの人々が使用している不換紙幣も、今後は、社会動向に応じて違った形に変化する可能性もある。たとえばこの不換紙幣をベースとする中央銀行の準備預金（当座預金）が、グローバル金融危機やコロナ危機以降、度重なる危機に直面して急膨張しており、従来の安定的な状況からほど遠くなっている。

歴史を振り返ると、インフレ率の上昇を伴いつつ、通貨価値が大幅に下落すると、カネの形態や通貨システムの危機が訪れるケースが多いため、今後の動向が気になるところである。現在の通貨システムの枠外の金地金や暗号資産（仮想通貨）への資金流入が続いている背景には、この体制の持続可能性に対する疑念が生まれているからなのかもしれない。果たして、不換紙幣の未来はどのように描けるのか。そのイメージをつかむために、以下では、過去の貨幣形態の道筋を整理しておきたい。

◆商品貨幣（起源）説

物々交換とカネの誕生

まず、一般的な経済学の教科書では、カネの生成の過程を、価値の比較尺度[*4]や交換の容易性から説明し、原始社会では「価値の尺度機能を果たすものが、また交換の媒介物としても用いられた」[*5]と考える。交換を容易にするというのは、物々交換の二重の合意（数の合意と種類の合意）という不便さを克服するものである。物々交換を行うためには、自分が望むモノを持ち、さらに自分の持つモノを望むという限られた相手との「欲望の二重の一致」が求められるが（数量も一致）、モノを交換する媒介物としてのカネと交換するならば、別々の相手とのモ

＊4　本山（1986）、18頁は、「債務や、価格、一般的購買力を表示するものを計算貨幣とケインズは呼ぶ」と記している。

＊5　齋藤（2002）、53頁参照。

ノの交換が可能になるというものである。媒介物としてのカネの有効性を示す考え方であろう。

この媒介物としてのカネは、時代と地域に応じて受け入れられたモノをモノサシにして、それ以外のモノと比較・計測されてきた。あらゆるモノは、衣服・牛・穀物の数といった原始貨幣を基準に計測されたわけである。このカネは、価値の尺度機能と交換機能を満たすとともに、大概の場合は、その貨幣そのものに物品としての価値も備えている商品貨幣でもあった。つまり、歴史を遡れば、カネという特別な存在を介在させたというよりも、特定のモノを基準にして、その他の多くのモノを計測した「モノ同士の比較」にすぎなかったのである。商品貨幣は、歴史や風土により地域ごとに数多くの種類があったものの、財やサービスの交換頻度が高まり、商取引の範囲も拡大するにつれ、利便性の高さを求めて、どの社会でも通用する同類のカネを用いるように収束していった。*6 金や銀、もしくは銅・鉄といった金属貨幣の登場である。

金や銀がカネになったわけ

金属貨幣は、生産量が限られ、残存量の変化が大きくないため、基準とするには都合がよい。たとえば、金貨をカネとした時代には、素材としての金を基準にして、大麦や牛といったモノを比較したのである。新たに算出される金の生産量は限られるため、現存量（ストック）が変化しにくいが、小麦などは、気候次第で収穫量が大きく変動するとともに、日々消費されるため、季節ごとにストックである在庫量の上下動も激しい。量的な変化に乏しく、季節に左右されない安定した金は、希少性が変化する小麦などのモノを評価するモノサシとして適していた

*6　齋藤（2002）、54頁参照。

と考えうる。たとえば、干ばつや大雨で収穫量が減っても、食料を求める人の数は変化しないため、小麦などの穀物が貴重な存在になる。目立って小麦の需要が収穫量を超過するため、金を基準とした小麦の評価が高まる。一定量の小麦を得るためには、より多くの金貨が必要となり、枚数の増えた金貨分だけ価格が上昇するわけである。逆に、豊作により小麦の収穫量が極端に増えれば、ストックとしての在庫量が増え、金と比較した場合に、小麦などの供給過剰が明らかになり評価が低下する。一定量の小麦を得るためには、より少ない金貨で事足りるため、減った金貨の枚数だけ価格が下落する。

この金は、銀でも反物でもよいわけだが、できるだけ現存量が変化せずに、多くの地域でも貴重とされるモノをカネとしたほうが都合がよかった。そのため、経済活動が活発になるほど、各地で受け入れられるとともに保存しやすい金や銀を硬貨として商いが円滑に行われるようになったと考えると合点がいくのではないか。当初は、利便性や分割可能性から秤で重量を量ることで貨幣として流通したものの（秤量貨幣）、徐々にその煩雑さを避けるためにも鋳造技術が用いられるようになる。鋳造技術により、定型の硬貨が造られるようになったのである。一定の品位・量目を為政者が保証し、その枚数によって価値を計る硬貨のほうが便利だからである。歴史的には、最初に金属を基に鋳造貨幣が生成されたのは、紀元前7世紀のリディア王国のエレクトラム金貨（金銀合金）であると言われている。*7 これは鋳造技術の発展とともに、商品貨幣の対象が金や銀に絞られ、画一的な鋳貨を政府が指定することで、それ以降の貨幣の標準的な形態を決定していく出来事であった。この金貨は、その後のローマの鋳造貨幣（紀元前

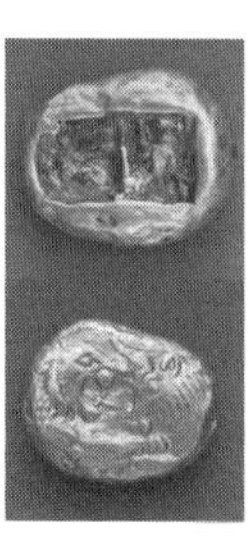
リディア王国のエレクトラム金貨（BC 560～546）

デナリウス銀貨（AD236）

ソリドゥス金貨（AD363～364）

*7　それ以前のアッシリア起源説もある。

3世紀以降のデナリウス銀貨、紀元3世紀以降のソリドゥス金貨など）を含め、さらに中世社会へと影響を与えていく。ただし、金の現存量は少なく、その希少性も高く退蔵も多かったため、銀を秤量貨幣として使用する事例や銀貨の利用も多かった。*8

◆信用貨幣（起源）説

以上のようなカネの歴史は、商品貨幣（起源）説と呼ばれる金融史の枠組みを基にした解説になる。商品から転化したカネは、その商品が元々もっていた使用価値に由来し、債権債務関係といった社会内部の取引に由来しないという意味において「外部貨幣」と言ってよい。一方、モノとモノの交換の中継をする際に便利なツールとしてカネを捉えるが、社会内部の関係によって生じる信用もカネと捉えることも可能だろう。モノの過不足を解消するために、モノ同士の交換を成立させるだけでなく、身近な人々との貸借も、常に行われてきただけに、この債権債務関係での信用もカネの一種であるとする考え方である。人類の歴史は、信用の歴史と言ってもよく、債権債務関係＝信用の移転によりカネが生まれるとする信用貨幣（起源）説という枠組みも有力である。前者は、媒介物としての素材に焦点を当て、後者は、社会内部の関係性や仕組み（信用）の側面に光を当てて、カネを捉えていると考えてよいだろう。そのため後者の場合のカネを「内部貨幣」と呼ぶ。中世末から近世初期にかけての欧州では、外部貨幣としての商品貨幣もさることながら、内部貨幣としての信用取引により常日頃、商品取引が決

*8　日本の江戸時代には、江戸では計数貨幣としての金貨（小判など）が統一されたが、上方（京都・大阪などの地域）では秤量貨幣としての丁銀や豆板銀などが使用されていたことが、よく知られている。詳しくは、第22節「カネをめぐる歴史⑨」を参照。

済されていたのである。[*9] 欧州社会では商品貨幣のような「手交貨幣の日常使用を節約する志向をもった市場経済であった」[*10]とされる。

内部貨幣は、個人や企業による貨幣需要によって決定されるのに対して、現代の外部貨幣は、それらの需要者の外で中央銀行により供給されるマネタリー・ベース[*11]に着目していると考えてよいだろう。[*12] 現代の内部貨幣は、金融機関が借り手の資金需要に応じて、借り手の口座に記入する形で創造する預金に着目しているのである。この内部貨幣の淵源は、「商取引による資産の移転を住民の間の債権・債務として処理する」[*13]信用取引であった。秩序が保たれた共同体では、資金の受渡しを繰り延べる信用取引を活用し、外部貨幣の使用機会を節約できたのである。

あえて、この段階でカネとは何かという2つの側面を整理したのは、兌換紙幣に至る経緯は外部貨幣という枠組みで理解しやすいものの、不換紙幣への転換や銀行システム、さらにカネの未来を見晴らす上では、内部貨幣という枠組みも並走させる必要があると考えたからである。カネといっても、紙幣（銀行券）や金属貨幣（コイン）だけではなく、信用に基づく債権債務関係も含まれている点は、頭の片隅に置いておきたい。

＊9　中世ヨーロッパにおける貨幣流通に関しては、黒田（２００３）が指摘するようにSpufford（1988）を参照。

＊10　黒田（２００３）、文庫版（２０２０）１９０頁参照。

＊11　中央銀行が世の中に直接的に供給するお金のことであり、流通現金（銀行券＋貨幣）と中央銀行の準備預金（当座預金）の合計額。

＊12　詳しくは、齋藤（２００２）、１７２頁参照。

＊13　黒田（２００３）、文庫版（２０２０）１８７頁参照。

5 人口増加による物価上昇で苦しんだ庶民？ 13世紀の価格上昇（第1の波）

◆物価上昇の4つの大波動

本書の冒頭で記したように、人類の歴史を遡り、統一的な物価データを取得するのは難しい。特に古代から中世にかけての通期での物価データを得ることは難しいものの、古代の一端を探るために、古バビロニアの事例は第1節で紹介した。以下では、それ以降の中世後期の物価動向はどのようなものであったかを記していきたい。

13世紀（1209年）以降の物価推移については、英中央銀行によるデータを用いて確認できる。**図表1-1**は、イングランドの消費者物価指数を世紀ごとに示したものである。約800年にわたる物価は、平均すると年率0・9％で上昇していたが、物価の動向は、時代により異なる局面を経ている。その大きな潮流を捉えるならば、まず20世紀が格段に高い物価上昇の世紀であったのが際立つ。平均的に年率4・3％のペースで上昇した物価は、16世紀の3倍に相当している。21世紀の英国の物価上昇である２・３％（ＯＥＣＤ、２０２２年まで）を含めても、20世紀の物価上昇が歴史的に高い水準であった点が確認されよう。特に、ニクソン・ショック後（１９７１～２０００年）には、年率６・９％で推移したことからも、金本位制から完全に離脱してからの物価上昇の加速が顕著になっている。

また、14世紀、15世紀、19世紀の物価は横這い、もしくは世紀を通して低下しており、物価は少なからず上昇するのが当たり前というイメージを抱くべきでないことが確認される。社会状況に応じて物価の平均的な変化率はマイナスに落ち込むこともありうるため、デフレーションが１世紀にわたり続いた時代もあったのである。さらに、変化率に違いはあるが、２世紀から３世紀ごとにインフレ率が高まる世紀が循環的に現れているのは興味深い。13世紀、16世紀、18世紀、そして20世紀が高インフレ率期に相当する。物価の長期循環が50～60年周期で発生するというコンドラチェフサイクルよりもさらに長期にわたる波動（一定の期間で規則的に訪れる周期ではなく、進行の順序や価格相関のパターン・傾向を意味する）として、２００～３００年にわたる超長期の物価循環の存在もあながち否定

図表１－１　イングランドの消費者物価上昇率（年率）

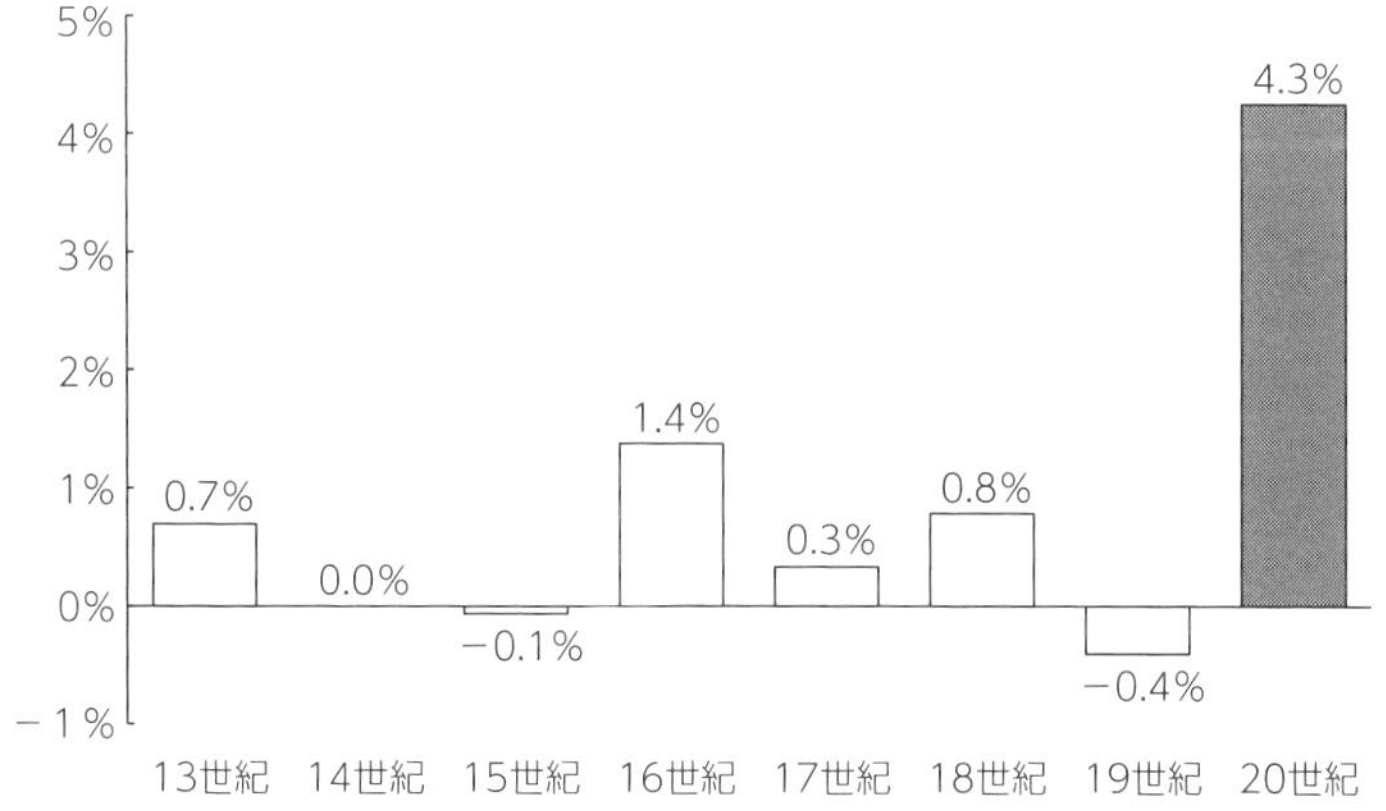

（出所）A millennium of macroeconomic data for the UKのデータを基に著者作成（13世紀は、1209～1300年）。

できないだろう。この超長期にわたる物価循環の物価上昇局面は、12世紀以降4回あったとD・フィッシャーは指摘し、価格革命（Price Revolution）と称している。12世紀終盤から14世紀初期にかけての第1の波（中世の価格革命）、15世紀から17世紀半ばにかけての第2の波（多くの学者が指摘している16世紀の価格革命）、1730年頃からフランス革命・対仏戦争までの第3の波（18世紀の価格革命）、そして1896年以降の第4の波（20世紀の価格革命）である。*14 その上で、これらの価格革命の間に挟まれた期間を物価安定・均衡期としている。12世紀の均衡、ルネサンスの均衡（1400～1480年）、啓蒙主義の均衡（1660～1830年）、ヴィクトリア朝の均衡（1830年代末から1890年代末）が該当するだろう。

本書では、主にデータ取得が容易なイングランドを中心に、賃金や人口と関連付けながら、それぞれの4つの大波動（Great Wave）の特徴を概観する。本章では第1の波について触れた上で、第2の波、第3の波、そして第4の波は、それぞれ第2章、第3章、第4章で明らかにしたい。

◆13世紀イングランドの人口増加と物価への影響

まず、13世紀の物価上昇は、人口が増加するとともに交易が活発化する中で発生した。欧州での早婚化が進み、出生率が上昇したのが人口増加の要因の1つとされている。13世紀のイン

*14　詳しくは、Fischer (1996)、3～5頁参照。フィッシャーは、イングランド、フランス、イタリア、ドイツ、オーストリアの穀物価格の推移を確認した上で、価格革命の時期を特定している。一般には第2の波を価格革命と称する。

グランドに注目すると人口が急増しているのが目立つ。13世紀には３４０万人が４７０万人まで増加し、年率０・３４％の増加率だったのである。[*15] 人口の増加により、経済規模が拡大し、その活動が活発になると、食料やエネルギーの需要が高まった。その取引拡大は、決済に必要とされる貨幣の不足をもたらしたのである。当時のエネルギーと言えば、薪、木炭であり、人口増加は、近隣の森林での木材の大量伐採を促し、エネルギー供給不足を発生させたのである。森林資源は、短期間に容易に増加させるのが難しいのは言うまでもない。食料は、小麦などの穀物に加え、牧牛などの畜産資源も含み、森林資源同様に急速な増産は難しかったため、価格上昇が顕著だったのである。ただし、すべての物価が上昇したわけではなく、繊維製品をはじめとする製品物価は上昇していない。物価上昇の初期段階では、人口増加の影響が製品価格までには及ばなかったのである。エネルギーや農産物とは異なり繊維製品などは、需要の増加に対応して容易に供給することができたからである。[*16]

◈決済手段としての貨幣の不足

次に13世紀半ば以降には、人口増加を背景にしたエネルギーや食料の取引が増加したため、その決済に使用する貨幣不足を何とか解消しようとする動きが加速した。当時は、商いの発達による物流量の拡大にもかかわらず、慢性的な貨幣不足に悩まされていたのである。具体的には、銀貨が不足して商いが阻害されるという問題を解決するために、銀鉱山での増産が促され

＊15　12世紀のイングランド人口は、１９０万人から３４０万人まで増加しているため、13世紀を上回る年率０・６０％の増加率であったため、人口増加の時代は12世紀から継続していたと言える。

＊16　詳しくは、Fischer (1996)、22頁参照。

た。また代用として商品貨幣（南欧での港湾都市では胡椒等）を使用するなど工夫が加えられるとともに、ローマ帝国崩壊以降、使用が一般化されていなかった金貨も活用されるようになった。たとえば、12世紀半ばには、すでにジェノヴァ、フィレンツェのフロリン金貨（florins）、ヴェネチアのドゥカート金貨（ducats）などの金貨の使用も活発化し始めている。

さらに一部の商業都市間の大規模な取引は、商品貨幣ではなく為替手形や銀行の帳簿上の信用振替により決済されるようになった。[*17] しかし、それでも貨幣需要は貨幣供給を大幅に上回り続けたため、単位当たりの硬貨に含まれる金や銀含有量を減らさざるを得なくなったのである。この貨幣改鋳（Debasement）の影響は13世紀の物価を大きく揺さぶり、貨幣価値が損なわれた。結果的には、13世紀（1210年以降）のイングランドの消費者物価上昇率は、0・7％程度になっている。断続的な貨幣改鋳は貨幣供給を加速させ、貨幣需要を上回り、物価が上昇したのであった。

◆物価上昇による実質賃金の低下、社会的不安定性の増大

この物価上昇に対して、（名目）賃金は追随することができなかった。生活に必要な物資の価格が上昇しているにもかかわらず、賃金の上昇がついていけなければ、実質的な生活は厳しくなる。つまり実質賃金は、低下したのである。13世紀（1210年以降）のイングランドの1人当たり賃金（年変化率）は、▲0・1％程度であり、消費者物価指数の上昇ペースを下回

＊17　イタリアの諸都市国家の大商人（銀行家）を主軸にした振替決済などが活発化した。

（上）フロリン金貨（1189～1532年）
（下）ドゥカート金貨（1400～1413年）

り、実質賃金は0・8％程度低下したのである。その上、中世の農民や庶民の生活にとって重大な関心事の１つでもあった地代・家賃は、13世紀後半の平均的な穀物価格上昇率の２倍のペースで上昇したため、いっそう生活は苦しくなり、土地や家を貸す富裕層（荘園領主や修道院など）との格差が拡がった。13世紀の物価上昇・変動期は、貧富の差が目立つ時代であったのである。

増大した農耕人口を支えるために、土地を持たない農民（小作人）たちは、高騰した地代を払い続けるか、もしくは生産性の低い土地の開拓をすることを余儀なくされ、地代を払った後に残る収穫は減少した。それまで農地ではなかった場所を農地化しても、その収量は大きな期待を持てるものではなく、生産性も悪化したからである。農民に限らず労働者も、少ない職にありつくために、低賃金での就労を受け入れなくてはならなかった。物価上昇を発端として、政府、小作人、労働者といった庶民が危機に至る13世紀は、当然ながら治安状況が悪化し、社会的不安定性が増したのである。

社会を統治する支配層である政府（王室）は、秩序を維持するための支出に加え、物価上昇による支出増の影響が大きく、財政状態が悪化した。国内の治安に加え、他国との戦乱も頻発し、戦費調達などの支出増が、収入を上回ったため、財政の好転は見込みづらかったのである。そこで、財政赤字をやりくりするため、王室は、大商人たちから資金を借り入れたが、累積する債務の重荷に耐え切れずに資金繰りに窮するケースが散見された。長期に物価上昇が続き、物価の上昇・下落の振れ幅も激しくなったため、社会全体の不安定感も増した。一部の王室は、支配地域での統制が効かなくなるだけでなく、財政状態の悪化から借金の踏み倒しをせざるを得なくなった。そのため、多額の資金を王室に融資していた大商人などは、連鎖倒産の憂き目に遭うことになる。さらに王室への貸し出しに慎重になった大商人たちは、貸出金利を引き上げるだけでなく、金融危機も誘発したため、好調に機能していた決済インフラも危機を伴い13世紀末を迎えるのであった。

6 疫病が賃金を高めた？ 14世紀の格差縮小とペスト（黒死病）

◆穀物不足、ペスト、人口の減少

13世紀までの物価上昇トレンドは、14世紀初頭まで続くものの、いずれ欧州を席巻する疫病が、物価基調に転機をもたらすことになる。１３１４年から１３１６年にかけて、欧州大陸では3年にわたり多雨が続き、穀物不作が社会に深刻な影響を与え始めた。ただでさえ人口増加により庶民の生活が窮乏しているのに追い打ちをかけるように、穀物収穫の不調は、農産物価格の上昇を加速させた。それだけにとどまらず、家畜の飼育環境も悪化したため、畜産の不調も併発したのである。天候不順と生活影響の悪化は、衛生状態の悪化とともに、疫病が流行する余地を長期にわたり広げていくのであった。

イングランドの人口は、14世紀初頭に４７０万人だったものの、１３２５年には４１０万人まで減少している。その後、人口は回復基調で推移したが、１３４７年以降、悪名高きペスト

黒死病（14世紀）
ペストの犠牲者を埋葬するトゥルネー（ベルギー）の人々

（黒死病）が欧州中を席巻し、人口が大幅な減少に転じた。14世紀初頭の水準まで一時的に回復したイングランドの人口も、1350年には260万人まで急減したのである。

結果的に14世紀通期での人口増加率は、年率▲0・8％程度になり長期にわたる人口減少の世紀となったため、13世紀までの様相とは一線を画した。この14世紀の人口減少は、14世紀半ばのペストだけではなく、度重なる他の疫病の発生とともに、断続的に繰り広げられる戦乱をも要因とするものであった。なお、地球表面の平均温度は、11世紀から13世紀にかけては高かったものの、14世紀に低下して異常気象になったため、14世紀の人口減少は、欧州のみではなく、世界規模での現象であったとの指摘もある。

◆小麦価格の下落

このような環境下で物価はどのように変化したのであろうか。想定どおりに人口減少の加速は、農産物への需要を減退させたため、小麦価格は下落に転じた。1310年代の3年連続の不作により上昇した小麦価格は、1325年にかけての減少期に突入した人口の影響を受

図表1-2　13世紀から18世紀初頭までのイングランドの小麦価格と人口

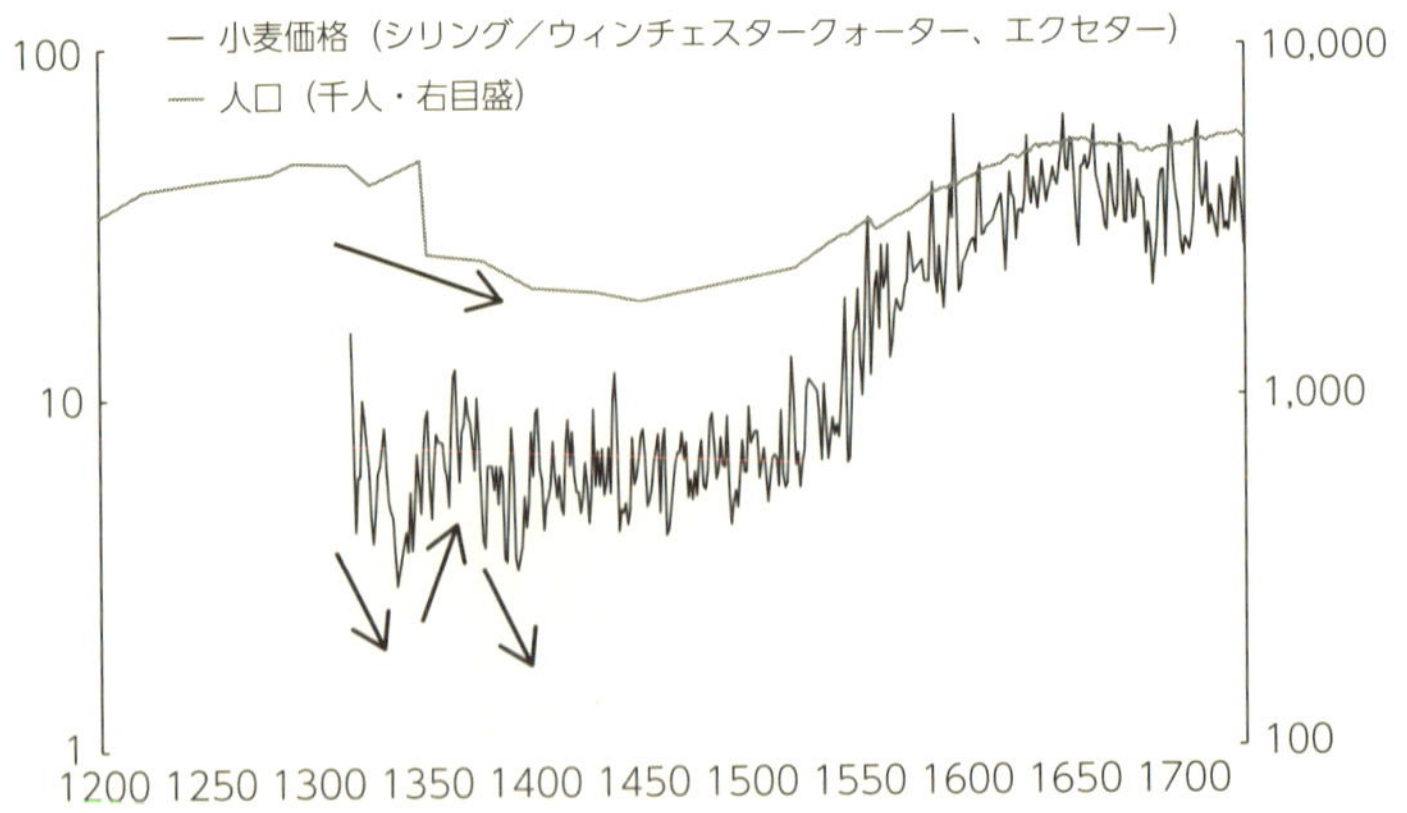

（出所）A millennium of macroeconomic data for the UK、イギリス歴史統計のデータを基に著者作成。

け、1330年代にかけて下落基調で推移したのである（図表1-2参照）。

超過供給状態に陥った小麦価格ではあったものの、ペストによる人口急減時から1360年代にかけて上昇した。その後1390年代にかけてようやく下落基調に転じていることから、小麦価格と人口増減は、必ずしも同歩調で推移したわけではなかった。それに続く15世紀の小麦価格は、変化幅が縮小し、変動率も低下して物価安定・均衡期が到来しているため、相対的に14世紀の物価動向は、下落を伴う不安定な変動期であったと位置付けられよう。小麦価格の変動幅の大きさは、庶民にとって家計運営の難易度が高まることを意味したのである。

◆人口減少がもたらした格差の縮小

次に、イングランドの消費者物価は、小麦価格と同じように1317年にピークを付け1330年代末まで下落するが、黒死病の大きな影響を受けた1360年代には上昇基調で推移している（図表1-3参照）。人口減少による需要減退の影響よりも、商業活動を通した物資の供給が分断された要因も、その背景には存在していたのかもしれない。一方、黒死病による人口減少は、製品を製造する職人数の激減

図表1-3　13世紀から18世紀初頭までのイングランドの消費者物価指数と1人当たり週間賃金

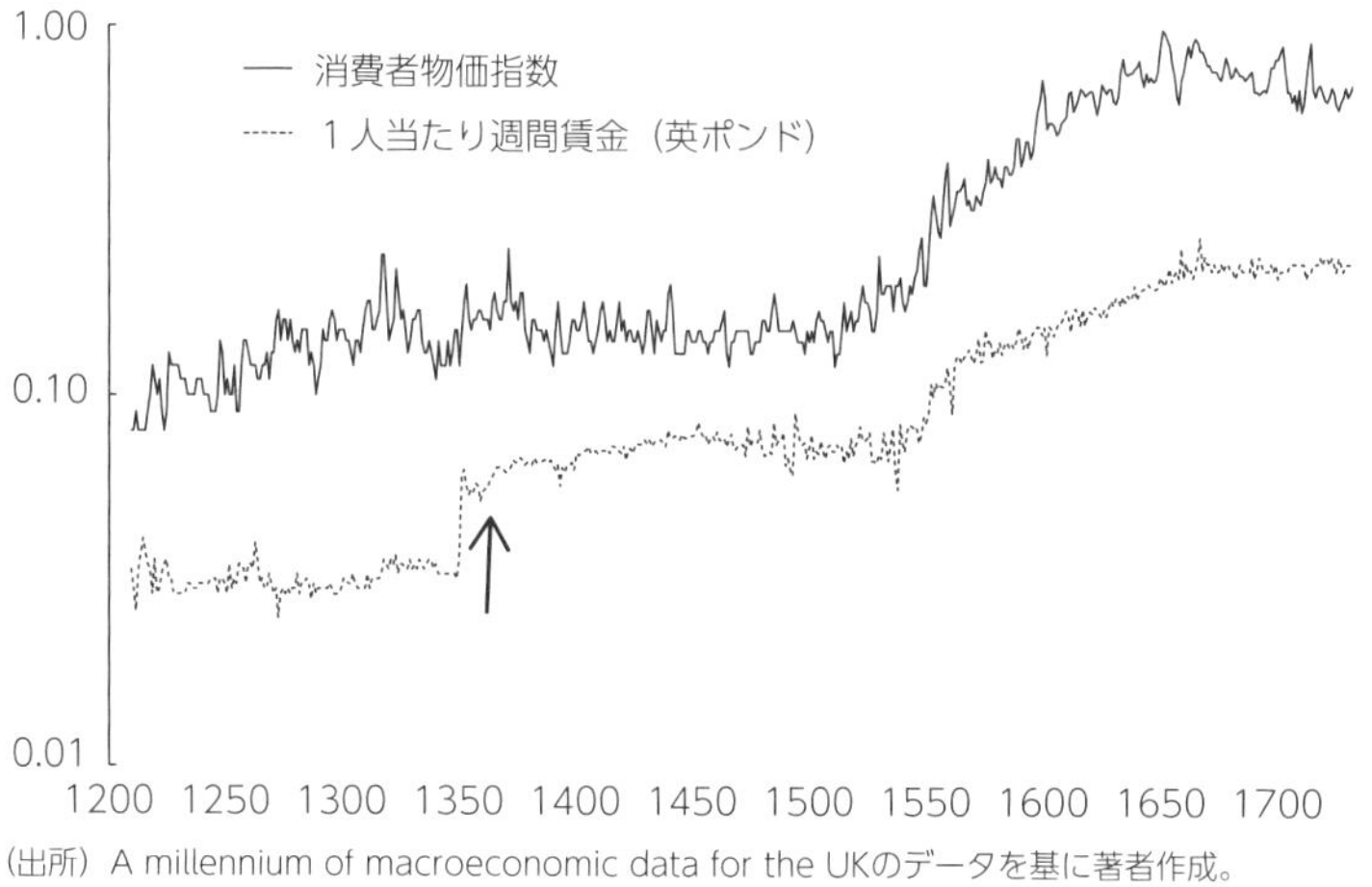

（出所）A millennium of macroeconomic data for the UKのデータを基に著者作成。

から、賃金は急上昇した。イングランドの１人当たり週間賃金は、１３４９年の０・０３６ポンドが１３５０年には０・０６１ポンドまで約７割もの上昇になっている。消費者物価指数を上回り、実質賃金で見ても36％の上昇になっているため、いかに職人が関与する製品価格が上昇したのかがうかがえよう。

13世紀から14世紀に至る人口増加や飢饉・疫病の発生には、「地域差があったが、多かれ少なかれ西欧の全域で生産要素の相対的な稀少性が変化した」とあるように[18]、このような動きはイングランドに限られるものではなく、欧州中に広く経験されたものと考えられる。１３７０年をピークに消費者物価指数は１３８９年まで低下した上で、15世紀の物価安定・均衡期に突入しているものの、15世紀半ばまで、緩やかに賃金は上昇基調で推移しているため、職人に限らず農業従事者も含めた働き手にとっては、実質賃金の上昇の恩恵を得たと言えよう。農民たちは、「労働力に対する需要が急上昇していることに気づいた。農業の人手不足は切実で、平均的な労働者はほどなく黒死病の流行前よりも収入が増え、労働条件も改善したのである」[19]。一方、大土地所有者や資本家は、労働分配率（労働者の取り分）の上昇から、資本利益率（資本家の取り分）の低下に悩まされたはずである。疫病による社会混乱を挟み、14世紀初頭と14世紀半ば以降では、持てる者と持たざる者の立場が逆転したのである。「疫病のために土地と労働者の比率が変わることによって平等化が進んだ」[20]と言えよう。人口増加が、地主などの富裕者を富ませ格差を拡げた要因の１つになったものの、人口減少は、小作人や職人の収入を高め、格差を縮小する要因の１つになったと考えられる。

＊18　詳しくは、North (1981)、邦訳２４８〜２４９頁参照。

＊19　詳しくは、Galor (2022)、邦訳48頁参照。

＊20　詳しくは、Scheidel (2017)、邦訳３７９頁参照。

疫病の流行は、ペストにとどまらず、数回にわたり欧州を席巻し、15世紀半ばまで人口減少圧力がはたらいた。これが物価上昇圧力を緩和して、地代や地価、農産物価格の下落および安定化をもたらした一方で、実質賃金は上昇基調で推移したのである。このような物価二極化を経て、15世紀半ばに経済情勢は落ち着きを取り戻し、時代はルネサンスの均衡期に至るのである。

一般的には、物価下落後の物価安定・均衡期においては、実質賃金の上昇、地代の下落、金利低下が発生している。「実質賃金は上昇したが資本利益率は低下し、フランスや低地帯諸国の金利は１３７０年から１４７０年にかけて半分になり、イタリアでも北部欧州ほどではないものの低下した」[*21]のである。そのため、家賃や利子収入に依存して生活していた富裕層にとっては苦しい時代になったのである。

荘園領主に農奴として支配されていた人々が解放され、封建的な社会は、自由に労働サービスを提供する社会へと変化し始めることになる。政治的にも、ある程度の富を蓄積した庶民の勃興は、都市住民や商人の台頭を伴って、国民国家の創設にとって大きな影響を与えるのであった。以上の第1の波をまとめると、「１３００年もしくは１３５０年までの２００年間は人口が膨張したが、その後１４７５年までは飢餓や疫病、経済の収縮が続いた」[*22]時代であり、物価上昇・変動期から物価下落が発生する安定化の時期を経て、物価安定・均衡に至る波動を描いたのである。

＊21　詳しくは、Fischer(1996)、55～56頁参照。

＊22　詳しくは、North(1981)、邦訳２７０頁参照。

第2章

第2の波
大航海時代と17世紀の危機

7 大陸からの銀流入は物価上昇の主要因か？ 16世紀の価格革命（第2の波）

◆穀物価格の上昇から始まった16世紀の価格革命

14世紀の混乱の時代を乗り越え、家族をはぐくむのに適した時代が到来した。そこで人々は早婚化を進め、出生率も上昇することになる。時として発生する伝染病は、14世紀のペストのように人口急減をもたらすような激甚なものではなく、人口の増加基調は続いていた。しかし、15世紀終盤には、価格上昇局面に至る予兆として、穀物価格の上昇が始まった。そのきっかけは、飢饉であり、15世紀半ばまでの物価安定の終焉を告げる。

穀物価格の上昇は、1472年に北イタリア・南ドイツ、1480年に英国・フランス、1490年にスペイン・ポルトガル、1500年には東欧へと拡散し、1650年まで百数十年に及ぶ趨勢的な長期物価上昇となった。*1 この物価上昇はインフレ率の高さよりも、長期にわたり一定水準以上のペースで物価上昇が続いたという点で特徴があり、16世紀の価格革命とも

*1 詳しくは、Fischer (1996)、69～70頁参照。

称される。１４７０年から１６５０年までのイングランドの消費者物価指数は、年率１・０％となったが、中世の平均水準の約2倍の上昇率であり、明らかに時代の変化を示すものであった。同時期の小麦価格の上昇率は年率１・２％であったが、人口増加率の年率０・５％を大きく上回るものであった。前述の**図表1-2**で確認できるように、明らかに物価上昇ペースの速さは、人口の拡大とは異なる要因がはたらいたと考えうる。

◆実質賃金の下落、家賃・地代の上昇（格差拡大）

また16世紀の特徴としては、消費者物価指数の上昇率が賃金上昇率を大幅に上回ったため、実質賃金が大幅に下落したことが挙げられる。これは、第1の波の物価上昇・変動期（13世紀）と同じ現象である。16世紀の消費者物価指数の上昇率が年率１・４％弱であったのに対して、賃金上昇率が年率０・８％強であったため、実質賃金は年率０・５％のペースで低下していた。おおむね、１００年間が経過する中で、実質賃金は6割以下に低下したことになる。そのため、庶民の生活は、長期にわたりじわじわと困窮していったのである。

いつの時代でも物価安定に慣れていた人々が、その認識が間違っていたことに気づくと、急速に物価観が修正されるものである。まるで接着剤で低インフレ率に粘着していた意識が剥がれると、物価上昇が当たり前というイメージに急転換が図られるわけである。そして、物価上昇が多くの人々によって常識であると受け止められ始めると、物価上昇が物価上昇を生む現象、すなわちインフレ・スパイラルが始まり、物価の変化率そのものも大きくなる。何年間も物価上昇が続くと、人々は「物価は上昇するものである」と認識し、その認識が自己実現的に経済実態に影響を与えるわけである。

さらに、16世紀の家賃や地代の上昇も顕著であった。1510年代から1610年代までの100年間で、小麦や大麦の価格は5倍程度になったのに対して、新規契約分の地代は8・3倍であったとの研究がある。[*2] さらに耕作地を拡張しようと試みる際に、上昇した地代を受け入れて新規に賃貸契約を結べば、農家の利益率は一時的に減少するかもしれない。しかし、いったん契約した地代が長期にわたり固定されるならば、農産物価格の趨勢的上昇が期待され、利益率は改善するはずである。仮に農産物価格を上回るペースで地代が上昇しても、既存契約分の地代と平均化されるからである。[*3] このような計算をした農家は、農産物価格の上昇を上回る地代の上昇を受け入れたため、地主などの富裕層はますます豊かになっていった。同じ期間で比較した賃金は、2・3倍の上昇にすぎず、やはり趨勢的な農産物価格の上昇に追いつけず、実質賃金は低下している。ここでも、物価上昇・変動期に格差が拡大していたことが再確認されよう。16世紀の物価上昇でも、労働に対する報酬と、資本に対する収益の間の格差拡大が、不平等な社会にさらに拍車をかけたのであった。[*4]

*2 詳しくは、Kerridge (1953)、28頁、表Ⅳ参照。

*3 詳しくは、Kerridge (1953)、29頁参照。

*4 詳しくは、Fischer (1996)、79頁参照。

◆富裕層優遇税制と財政悪化、そして貨幣改鋳へ

この格差が拡大する中で、政治力を増した大規模商人などの富裕層は、逆進課税を推進した。これは、政府収入を減少させるだけでなく、通貨安を促し物価上昇圧力[＊5]の要因の１つになったのである。逆進課税とは、所得が少ない層ほど、所得対比で高い割合の税を負担することを意味し、富裕層に対する優遇税制と考えてよい。この動きは政府収入の減少による財政悪化をもたらし、財政負担の軽減を迫られた政府は、一時しのぎとしての貨幣改鋳に追い込まれたのである。貨幣価値の下落が進むとさらに物価上昇圧力の要因となった。当時の政府による貨幣価値の操作は、貨幣に含まれる銀の純分量を減らす改鋳と新鋳貨制度発足（re-coinage）による改鋳とがあり、前者が貨幣価値を低下させて物価を上昇させる効果があるのに対して、後者が良質の新鋳貨を発行することにより貨幣価値を引き上げて物価を抑制させる効果があった。16世紀のイングランドにおいては、主に１５２６～２７年の改鋳（The Little Debasement）、１５４４～５１年の改鋳（The Great Debasement）が実施されている。１５６１年にエリザベスＩ世は、グレシャムの建言に基づいて品位を引き上げる改鋳（鋳貨制度発足）を実施したが、総じて品位を引き下げる改鋳の頻度が高かった。

＊5　詳しくは、Fischer (1996)、86頁参照。

トーマス・グレシャム (Thomas Gresham, 1519-1579)

◆米大陸からの大量の銀の流入と物価への影響

それに加えて、15世紀までは不足する金属貨幣に悩まされていた欧州社会では、16世紀後半に、主にアメリカ大陸から大量の銀が流入したため、物価上昇圧力が高まった。人口増加と農産物価格上昇に加え、金属貨幣の増加も物価上昇の加速を一時的に後押ししたとされる。米大陸からの銀の流入は、16世紀後半に増加しているため、16世紀を通した物価上昇の要因というよりも、後半以降の加速の背景の1つと考えたほうがよさそうである。さらに、政府が金と銀との公定交換比率を操作して、国内の貨幣量や物価にも影響したという指摘もある。*6 貨幣の主役として位置付けられた銀は、金との交換比率が変われば、交易を通して流出入が発生して、国内保有量が変化する。16世紀のイングランドは、金を過小評価する傾向があったため、スペインから銀が流入し、貨幣量の増加をもたらしたとのこと。1541年に12・3対1だった金銀比率を、1546年に5対1に引き下げたため、イングランドでは銀を金に替えて海外に移送する動きが加速したのである（銀の過剰流入）。この異常事態は、1551年に11対1、1561年に12対1へと修正が図られたものの、銀流入の傾向は変わらなかったとされる。

しかし、これらの貨幣価値の政策的変更は、短期的な物価変動の説明とはなっても、長期的な趨勢を左右するものではなく、16世紀の物価の上昇基調の背景としては、人口増加に加えて、インフレ・スパイラル要因が大きかったと言えそうである。つまり、米州大陸から欧州大陸への銀の大量流入は、短期的な影響はあったものの、数十年単位での物価上昇の主要因とまでは

ポトシ銀山
スペインの植民地である南米大陸のポトシ銀山でも大量の銀が産出された。

*6 Outhwaite（1982）、（邦訳）59～60頁。

言いがたい。

20世紀とは異なり、農産物の生産性は、肥料・農薬・品種改良等によって上昇するわけでもなく、収量は圧倒的に土地面積に依存する。しかし、周知のごとく農地が急速に拡大することはなく、人口の増加が顕著になれば、農産物の増加ペースは相対的に劣るため、希少性の観点からも農産物価格は上昇し、さらに地代も上昇したのである。一方で、人口増加は、労働市場を活性化し、雇用を求めての競争を促し賃金上昇を抑制した。また、製品製造は農業よりも、その生産性を高めることが可能であり、地代の上昇を織り込んでも余りあることから、製品価格は農産物価格ほどには上昇しなかったのである。賃金と物価は、一定の好循環を描きながら推移するというものではなく、種々の条件を織り込みながら、まちまちの動きをしていたのである。

8 商いは物価安定・均衡期に花開く？17世紀の危機と啓蒙時代の繁栄

◆16世紀末、社会の不安定化と物価上昇の鈍化

格差拡大は、さらに持たざるものの不満を高め、社会の不安定化をもたらし、治安の悪化を招くことになる。16世紀後半から17世紀初頭にかけて、小麦価格の変動率が上昇したのと歩調を合わせるように、社会の混乱もその振れ幅を大きくするのであった。繰り返される悪天候は農産物の不作による飢饉を頻発させ、14世紀の黒死病ほどではないものの疫病が流行した。農産物の買いだめや投機が横行したため、追い詰められた人々は暴動を起こし、犯罪件数も増加したのである。また、政治的には、欧州全体が戦乱の時期、もしくは軍備拡大競争に突入し、軍事支出の拡大を余儀なくされた。そのため、政府や王室は、深刻な財政問題に直面し、弱体化が著しくなり、各地では農民等の反乱が発生した。欧州社会は、プロテスタントとカソリックの相克による宗教戦争とも相俟って動乱期の様相を呈するに至る。その後、16世紀末から17

世紀前半にかけては、物価上昇のペースは減速し物価安定化が進んだ。

◆17世紀後半からの物価安定期

続く17世紀後半以降の啓蒙時代は、物価安定・均衡期に至る。農産物価格・エネルギー価格は落ち着きを取り戻す中で、製品価格は上昇し、実質賃金も上昇に転じたのである。さらに地価・金利は下落するというパターンが再び繰り返され、15世紀のルネッサンスとの共通点が多かった。イングランドの小麦価格は、１５９６年に63シリング弱まで上昇したものの、16２０年、１６５４年に下落し、１６８８年には21シリングを下回るまで下落したため、16世紀の物価上昇とは状況が大きく異なっている。さらに17世紀半ばのイングランドでは、新しい穀物の開発や輪作の導入（ノーフォーク農法）の影響により価格上昇が抑制された。この改良により１６６０年から１７４０年にかけての全農業生産高は40％増大したとされている。[*7]

同様に上昇基調をたどってきた消費者物価指数も、17世紀後半には下落基調に転じている。１６４８年をピークに１７０７年の消費者物価指数は、４割程度低下したのである。一方、実質賃金は、17世紀を通して上昇基調で推移した。消費者物価指数の上昇が止まる中で、実質賃金は逆行したのである。持つ者と持たざる者の格差は縮小し、社会的格差は圧縮された。富裕階層は、地代等の低下、金利の低下により収入は抑制される一方、庶民の生活費は安定し、賃金が上昇したわけである。そのため、多くの人々にとっては、生活に対する余裕度が高まり、

＊７　詳しくは、湯沢威編（１９９６）、21頁参照。

社会の安定性も高まった。18世紀初頭にかけて、「穀物価格の上昇は止まり、下落局面を経て安定化する一方、製品価格は上昇に転じ、実質賃金は上昇した。この時期には、物価上昇・変動期とは異なり地代や金利は低下した」と、D・フィッシャーは記している。*8

ところで、17世紀後半の物価安定と、われわれが経験した1990年代から2000年代に至るグローバルな物価安定には、同時代性を感じないだろうか。社会の安定性、国際関係の緩和基調など、物価の安定が政治主軸ではなく経済主軸の世の中によってもたらされた「経済(平和)の時代」であったのである。商人による交易の活発化は、物価安定・均衡期に花開いくのである。だが、このような安定の時代は永遠ではない。2010年代が対立の時代に転じたように、18世紀には戦乱と変動の時代が再来することになる(第10節)。

*8　詳しくは、Fischer (1996)、103頁参照。

9 カネをめぐる歴史③ 鋳造貨幣から兌換紙幣へ

◆紙幣の登場

再び、ここで近世に至るカネをめぐる歴史を確認しておきたい。

博物館などで、歴史的遺品としての金貨の実物を見る際に、真円ではなく淵が削り取られて歪んでいるのに目を奪われた経験はないだろうか。これは、削り取った金屑を融かして金地金にするためであるとされている。金貨も流通される過程で金の含有量が減少したのである。これでは一定の品位・量目が保証され、その枚数によって価値を計る計数貨幣として信認は低下してしまう。また、第７節で記したように、王室などがカネ不足に陥ると、自ら鋳造する金貨の金含有量を減らして、低品質（低含有率）の金貨を大量にばら撒く貨幣改鋳を実施することもあった。具体的には、流通している貨幣を回収して鋳潰し、金や銀の含有率や形を改めた新たな貨幣を鋳造して流通させる貨幣改鋳の１つである。

ヨハネス・グーテンベルク
(Johann Gutenberg, 1397?-1468)

鋳造貨幣は、金貨の場合には縁面が削り取られることや品質が低下することに加え、重くて持ち運びに不便というデメリットもあり、鋳造貨幣や金属との交換を約束された兌換紙幣が用いられるケースが増えてくる。もちろん、そのためには、活版印刷技術の発明を待つのは言うまでもない。中国では11世紀の北宋期に、欧州では15世紀にグーテンベルクにより、この技術が発明されたとされている。11世紀に宋政府は、鉄銭を裏付けにした「交子」を世界最初の紙幣として発行した。[*9] 当初は民間部門が発行する交子だったが、政府による官業に移行している。バーンスタインは、さらに時代を遡り、唐の憲宗（在位806～821年）の治下で、銅が著しく不足したため紙の貨幣を使うことにしたとしているが、これは紙幣の淵源としての手形の一種と捉えられている。[*10]

この兌換紙幣は、必ずしもその裏付けとして100%分の鋳造貨幣や金属を準備しておく必要がなかったため、金属が不足する時代にも、必要とされる決済手段を紙幣として用意できるというメリットがあった。経済活動が活発化しても、その決済手段としての鋳造貨幣を用意できないという事態に陥らずに済んだのである。[*11]

◆通貨発行益（シニョレッジ）

経済活動を円滑にするだけでなく、紙幣の発行は、それを発行する政府の利益にもなった点は忘れるべきではない。たとえば、金貨100単位との交換を前提にする兌換紙幣を発行する

交子（中国北宋时四川省流通的纸币）

＊9　Bernstein（2005）、邦訳文庫版264～265頁。

＊10　詳しくは、軍司（1994）、98～102頁参照。

＊11　Hicks（1969）、邦訳文庫版137頁では、「中国の貨幣は、その初期においては貴金属でつくられたものではなかったとみられる。おそらくそれは「価値保蔵」機能が支配的であるような段階を通らなかった。中国の貨幣は、ただちに支払手段になってい

際に、その準備としてたとえば金貨70単位のみ用意するならば、紙幣発行・回収費用を除けば、金貨30単位の発行利益が懐に入ることになる。この利益は、通貨発行益もしくは貨幣鋳造益（シニョレッジ：Seigniorage）と称されており、紙幣を発行する政府の特権の１つである。

◆金本位制における金地金の保有量と経済活動

緩やかな経済成長の時代には、決済に使われる貨幣の量も一定範囲に限られるため、その金属の量も経済成長に応じて緩やかに増産されればよかった。０.５％未満の低成長率時代には、緩やかなペースで生産される金や銀などを素材とする金貨・銀貨で事足りたわけである（金貨本位制*12・銀貨本位制）。しかし、19世紀半ば以降の主要国では、第２次産業革命*13の浸透により経済成長率が１％を上回り、いたるところで決済用の金貨や銀貨が不足する事態に陥った。そこで、鋳造貨幣に代わり金地金などとの交換を保証する兌換紙幣を政府・中央銀行などが発行して、高い経済の成長ペースに応じて必要とされる決済手段を円滑に提供できるようにしたのである。さらに交易の活発化が国際的な決済ネットワークの拡充を求めたことも言うまでもない。

もちろん、裏付けになる貴金属を一定程度保有していなければ、兌換が困難に陥る可能性が高まるため、兌換紙幣発行体は、金や銀を保有していた。しかし、前記したように兌換紙幣の場合には、発行主体が、必ずしもその裏付けとして金地金や金貨などを１００％準備しておく

たのである。中国人は西洋人よりも紙幣に対する理解が進んでいた。西洋人よりも早く中国人が紙幣を採用したのは、中国人が印刷術を早くから発明していたことだけによるものではなかった」と記している。

＊12　金貨本位制(Gold Coin Standard) は、英国が１８１６年に採用した自由鋳造・自由兌換・自由溶解・自由輸出が認められる形態の金本位制。

＊13　19世紀後半以降の米国やドイツなどで、電力・石油を基軸とした重化学工業への産業構造転換が進んだことを指す。第１次産業革命は、18世紀後半に英国などを中心に、蒸気機関を活用した石炭を動力源とする軽工業が進展したことを指す。

必要はない。そのため、貴金属の残存額を上回る兌換紙幣を発行できたのである。とは言え、金本位制を基に構築された決済インフラは、一国の輸出入差額を金地金と交換（現送など）することが原則とされたため、金地金の保有量と経済活動は、一定程度結びついていた。

◆紙幣の乱発（シニョレッジの濫用）

しかし、時として戦乱期や混乱期（財政悪化や災害復興など）の政府は、深刻な資金不足に直面したため、裏付け（準備）として保有している金や銀の量を大きく上回る兌換紙幣を発行せざるを得なくなる事態に陥った。このとき、短期間に貨幣量が増加するため、貨幣の希少性が低下した見返りに物価が上昇する傾向が鮮明になった。極端な紙幣濫発や品位を引き下げる貨幣改鋳の場合には、急激なインフレーションが発生することもあり、社会の大混乱の原因の1つとなったのである。

この兌換紙幣をめぐる事件としては、18世紀初頭のジョン・ローによる銀行券の発行が有名である。この銀行券は兌換紙幣だったが、実質的には大量の紙幣の発行により兌換が不可能な水準まで銀行券が増発されてしまう。これは、シニョレッジ（貨幣発行権）の濫用であり、正貨との兌換が不可能ではないかとの思惑が一般に広まると、ロー銀行券そのものが崩壊の淵に立たされたのである。また、同じフランスでは、フランス革命政府が、革命による王室や教会から没収した土地の売却代金を担保に、1789年に有利子での資金調達を実施する（一種の

ジョン・ロー（John Law de Lauriston, 1671-1729）

公債）。第10節で詳しく触れるが、やがて政府は、「受け取らなければ死刑にする」（１７９０年４月）という強制通用力をつけ、さらには無利子化することで、公債から一種の不換紙幣へと転換をはかり、それを流通させることに躍起になった。これが「アッシニア紙幣（Assignat）」であり、その裏付けになっている土地の売却代金相当額に対して過大に増発したことや、共和政権に対する庶民の不信認が高まったことから、減価が続き、ついに１７９６年には崩壊に至ったのである。[*14]

このように兌換紙幣は、その裏付けとなる金属等を大きく上回って発行されると、その兌換能力が疑われ、兌換紙幣そのものに対する信認が低下し、しばしば崩壊の縁に立たされたのである。このような脆弱性が併存しているのが、鋳造貨幣との相違点と言えよう。また、拡大する国際決済ニーズを円滑に機能させるために、アントワープ、アムステルダム、ロンドンでの信用システムも、構築されるようになった。商人同士の決済においては、信用を基盤にした取引が、アムステルダム銀行などの預金勘定を介して決済されたのである。このような決済インフラも、戦乱等の国際関係の悪化や金融ハブとしての国際金融都市の信認低下により、機能不全に陥ってきたため、国際政治の不安定化が決済を滞らせるという脆弱性を抱えていたのである。

＊14　齋藤（２００２）、60頁参照。１７９３年8月には発行残高が37億リーブルにも達し、そのためにアッシニア紙幣の鋳造硬貨に対する交換比率はわずかに22％にまで減少し、ついに１７９５年末には硬貨と紙幣の交換比率はわずか０・５％にまで低下する。

第3章

第3の波　戦乱と革命

10 戦乱の深刻化で上昇する物価？ 増幅される戦乱と革命の嵐（第3の波）

◆18世紀イングランドのディマンドプル・インフレーション

商業資本主義を中心とした啓蒙時代の物価安定・均衡期も、1730年代には物価上昇局面へと移行する。第1の波、第2の波と同じように、第3の波が始まる1730年代から、農産物価格は、先行して上昇し始めた。最初に結論を言えば、第3の波でも、農産物価格だけではなく、エネルギー価格も上昇し、やがて趨勢的物価上昇・変動期の最終局面では、製品価格が大きく上昇するというパターンを描くことになる。

イングランドの人口増加率（10年前対比）は、1730年前後にマイナスに落ち込んでいたものの、1825年には年率約1・6%まで急速に回復した。イングランドの場合には、11世紀から現在に至るまでの人口増加率のピークは1825年であり、人口増加率の上昇の影響は19世紀を通して、農産物価格の上昇に影響を与えたと考えられる。小麦価格は、1730年か

＊1　詳しくは、Fischer（1996）、126頁参照。
＊2　詳しくは、Fischer（1996）、138頁参照。

ら１８２０年にかけての90年間で約2・3倍になっており、年率０・９％での上昇率となっている（図表3-1）。18世紀の人口増加は、「食料、燃料、住宅、土地といった生活必需品でのディマンドプル・インフレーション」[*1]［Column❷］として、長期にわたる物価上昇圧力としてはたらいたのである。

◆戦乱によって引き起こされたスタグフレーション

18世紀の物価上昇・変動期には、国際社会を揺さぶる戦争が発生した時期に符合して、インフレ率も上昇した。１７４０年から１７４８年にかけてのオーストリア継承戦争、１７５６年から１７６３年にかけての七年戦争、１７７５年から１７８３年にかけてのアメリカ独立戦争に歩調を合わせるように、インフレ率も上昇するのであった。この物価上昇の加速が周期的に繰り返されつつ、農産物・エネルギー価格の長期上昇トレンドが形成され、それに応じて社会の不安定性が増した。「不平等の拡大は、18世紀後半の英国、欧州、米国の傾向であり、１７６０年から１８３０年の間に富の集中が急速に進んだとする研究」[*2]が多い。

18世紀後半、労働人口の増加に伴い実質賃金は低下基調で推移する一方、地価・地代、金利は、過去の物価上昇・変動期と同じく上昇基調をたどった。当然、貧富の格差は拡大傾向となり、社会的安定性は低下したのである。なお、18世紀後半の格差拡

Column❷

コストプッシュ・インフレーションとディマンドプル・インフレーション

コストプッシュ・インフレーションとはエネルギーや原材料の供給が制約されることや、生産性の悪化により財・サービスの供給が需要を下回ることで、物価上昇のペースが加速するタイプのインフレーションのこと。

逆に、健全な経済成長に伴い需要が拡大し、財・サービスの需要が供給を上回るタイプの物価上昇をディマンドプル・インフレーションと言う。

大が、13世紀や16世紀と異なるのは、社会福祉や貧困層への援助の仕組みが一定程度機能した点である。そのため、死に至ることなく最低限度の生活を営む人々の比率が増加したため、かえって社会的不満は蓄積されていったのである。特にフランスでは1789年にフランス革命が勃発するなど、欧州社会は騒然となった。

図表3-1　18世紀以降のイングランドの小麦価格と人口

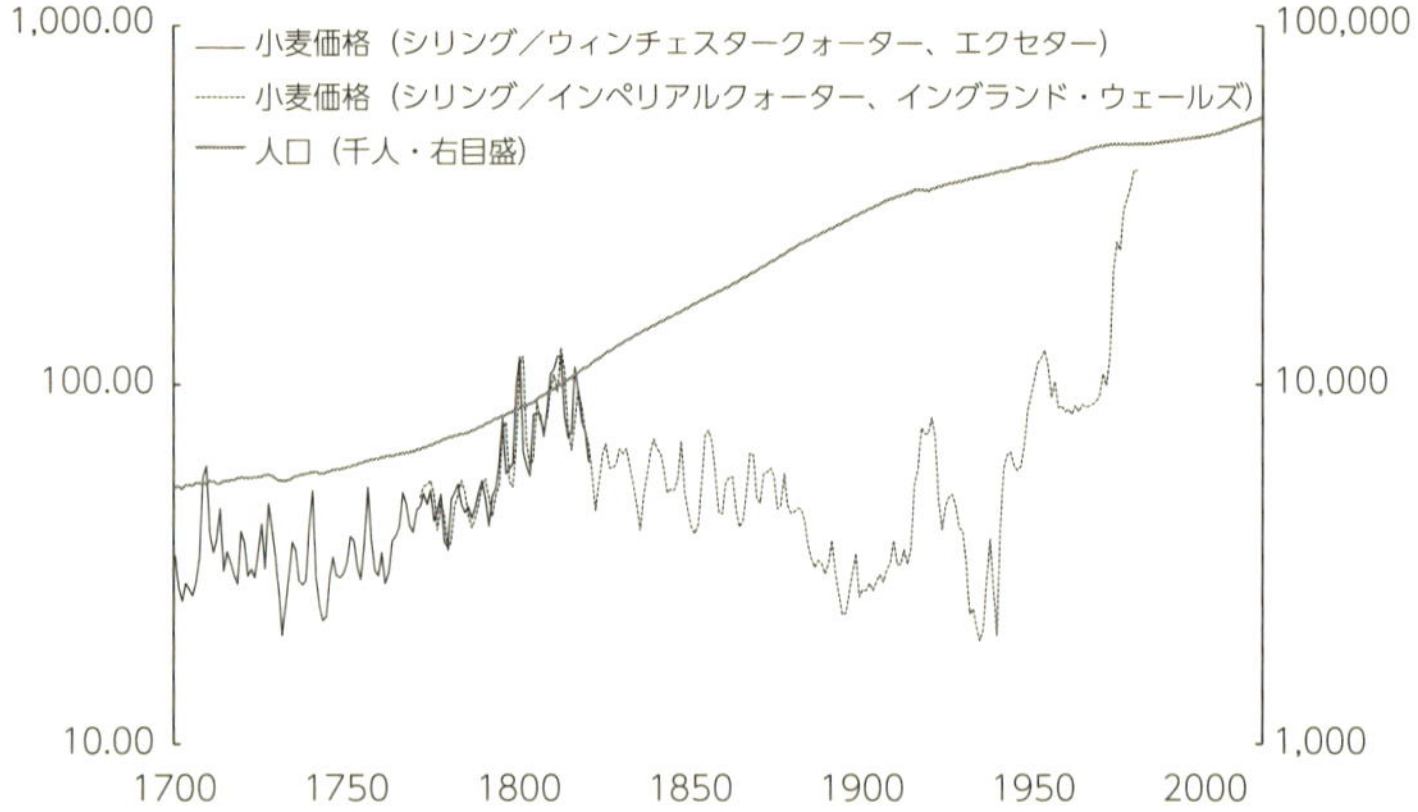

（出所）A millennium of macroeconomic data for the UK、イギリス歴史統計のデータを基に著者作成。

図表3-2　18世紀以降のイングランドの消費者物価指数と1人当たり週間賃金

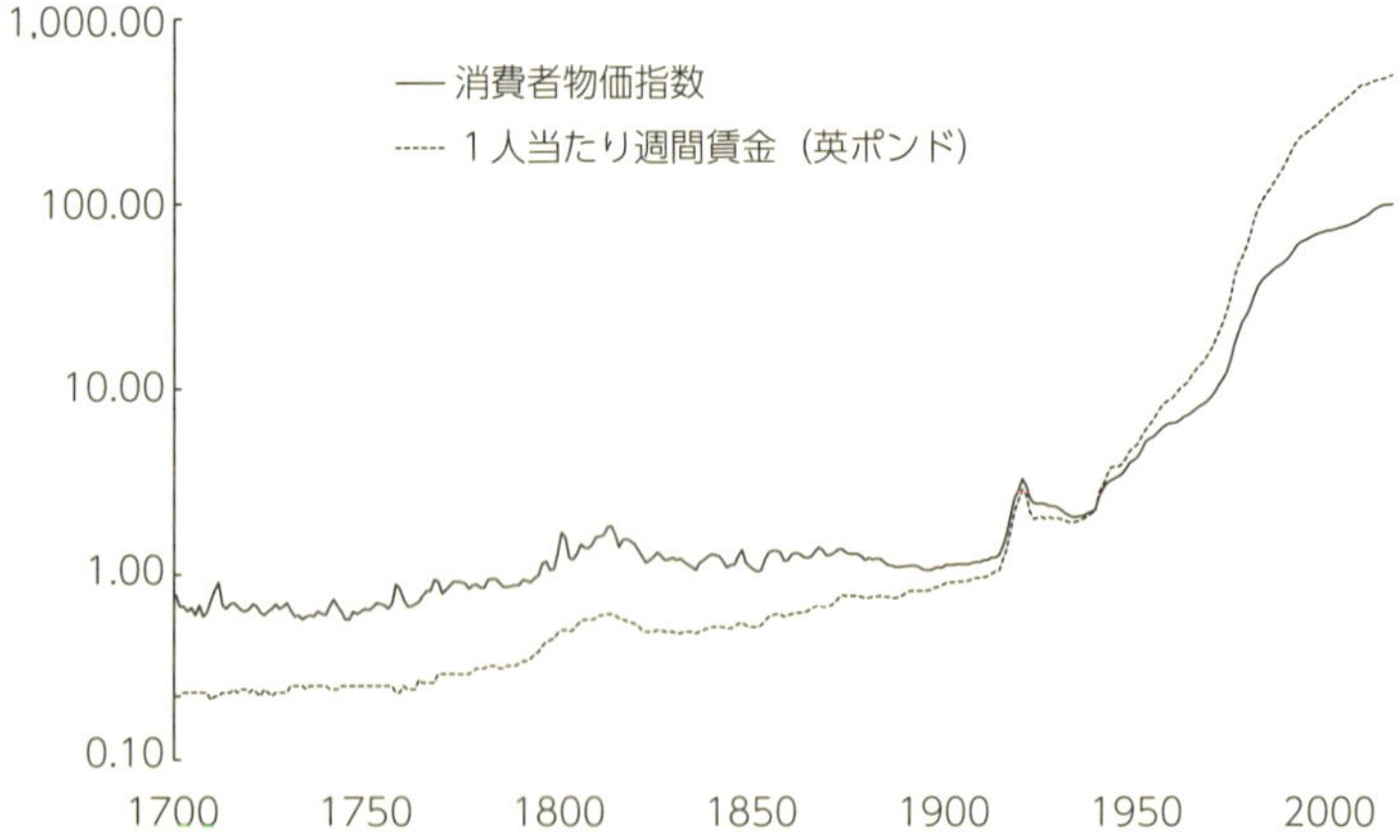

（出所）A millennium of macroeconomic data for the UK、イギリス歴史統計のデータを基に著者作成。

その後の英仏大国間の対立と戦争は、19世紀初頭にピークを迎え、海上封鎖を含めて欧州中のサプライチェーンを分断したため、物流の停滞は、物資不足と物価上昇圧力をさらに増すだけでなく、経済の停滞も併発した。そのため、米国も巻き込んで、物価上昇を伴う景気悪化、すなわちスタグフレーションが社会全体を打ちのめしたのだった。

フランスのアッシニア紙幣

ところで、18世紀末には、天候不順が続き農産物価格がさらに上昇し、かつ変動率が上昇した。欧州中で物価上昇により実質賃金が低下したため、生活に窮した一部の人々は、その怒りを暴力的行動にうつし、前記したようにフランスでは革命にまで発展する。当時のフランス政府は、度重なる戦争で軍事費の負荷に苦しみ、信用力の低下に伴い資金調達コストも上昇したため、軍備費の負荷を少しでも緩和するために、第９節でも紹介した紙幣（ペーパーマネー）であるアッシニア紙幣を発行し、物価上昇の火に油を注ぐ結果に至った。アッシニア紙幣は、１７８９年の段階では、革命によって没収された王室・教会の土地を売却して財政収入とすることを前提に発行された利付き国庫債券であり、純粋な紙幣ではなかった。しかし、１７９０年４月には、「受け取らなければ死刑にする」という強制通用力を与えられることにより法貨となり、さらに同年９月には無利子となったため、債務証券が紙幣化したわけである。流通を強制せねばならないくらい不人気の紙幣であり、前記したようにその法貨に対する庶民の評価は低く、それだけ加速的な物価上昇を経験することになった。

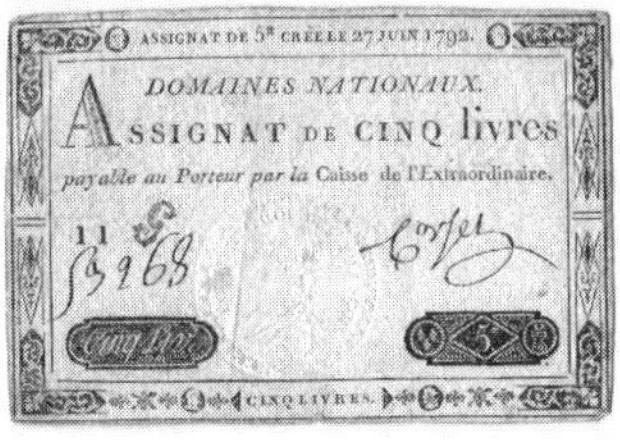

アッシニア紙幣
（Assignat de 5 livres）

英国の「取り付け」騒動

一方の英国は、1797年には、フランスの侵入のうわさがイングランド銀行に対する「取り付け」騒動に発展し、議会はイングランド銀行に対して銀行券の金貨での支払いを停止するように命じた。[*3] 案の定、この銀行券の発行額は、英仏戦争の期間中に増加し、1813年まで急速に物価が上昇することになる。兌換停止が命じられた1797年から消費者物価指数のピークとなった1813年までの上昇率は、3・5%であった。特にイングランドで最も消費者物価指数が上昇したのは、1798年から1800年にかけての2年間であった。消費者物価指数は58%上昇したため賃金上昇が追い付かずに、実質賃金は▲30%になったのである。さらに小麦価格はこの2年間で2倍になっているため、家計に占める食生活費の割合が高かった庶民は、塗炭の苦しみを味わったのである。

*3　詳しくは、Morgan (1965)、邦訳19頁参照。

11 物価上昇に苦しむパリ市民の悲哀？フランス革命時の食料価格

◆平均約34倍になったパンの価格

都市住民の生活を揺るがした史実としては、１７８９年以降のフランス革命を取り上げることができる。近代社会の新たな1頁を開く歴史的イベントとして捉えられているが、それと同時に、市民生活を混乱の底に落とした大変な時代の象徴でもあった。革命の混乱に応じて、パリ市民の生活費は、日を追うごとに高騰したからである。人間は、食べなければ生きていけない。どんなに食料品価格が上昇しても、その確保を余儀なくされる。しかし、都市であるパリには、革命の混乱のため、いつ農村や漁村から食料品が届くか分からない。そのため、商店は食料品を売り惜しみ、その分、値段は鰻上りの有様だった。価格上昇の不安は、さらに不安を呼び、危機は自ら増殖を始めたのである。

第3の波で最も激しかった物価上昇事例として名高い、フランス革命時のパリの実態を確認すると、われわれはその酷さに愕然とするだろう（図表3-3参照）。*4 パリ市民にとって、何といっても大切なのは、主食のパンである。1人が1日に食べるパンの量を1斤とすると、1790年6月に2・75スー（sous）だったパンが、1795年4月には65～120スーまで上昇している。平均値をとっても約34倍の上昇であり、庶民の生活を直撃したのは間違いない。というのも、賃金労働者は、パンを買うために家計の約半分を費やしていたからである。その家計に占める割合は、単純計算すると1789年には9割近くまで高まったことから考えると、パリ市民は、他の支出のためにパンを切り詰めざるを得なくなったわけである。1日のカロリー摂取量が抑制され、空腹にさいなまれたパリ市民の不満と怒りは、混乱・紛争の起爆剤になったと考えうる。政府は、1793年3月以降、パン屋に補助金を出して、1斤当たり3スーにしていたものの、公定価格や配給制度を利用するのも困難に陥るほどに、小麦価格などの上昇を抑えきれなくなったのである。

◆農家はインフレ長者へ

また、当時のパリ市民の食生活において2番目に重視されたワイン価

図表3-3 フランス革命時の物価上昇（倍）

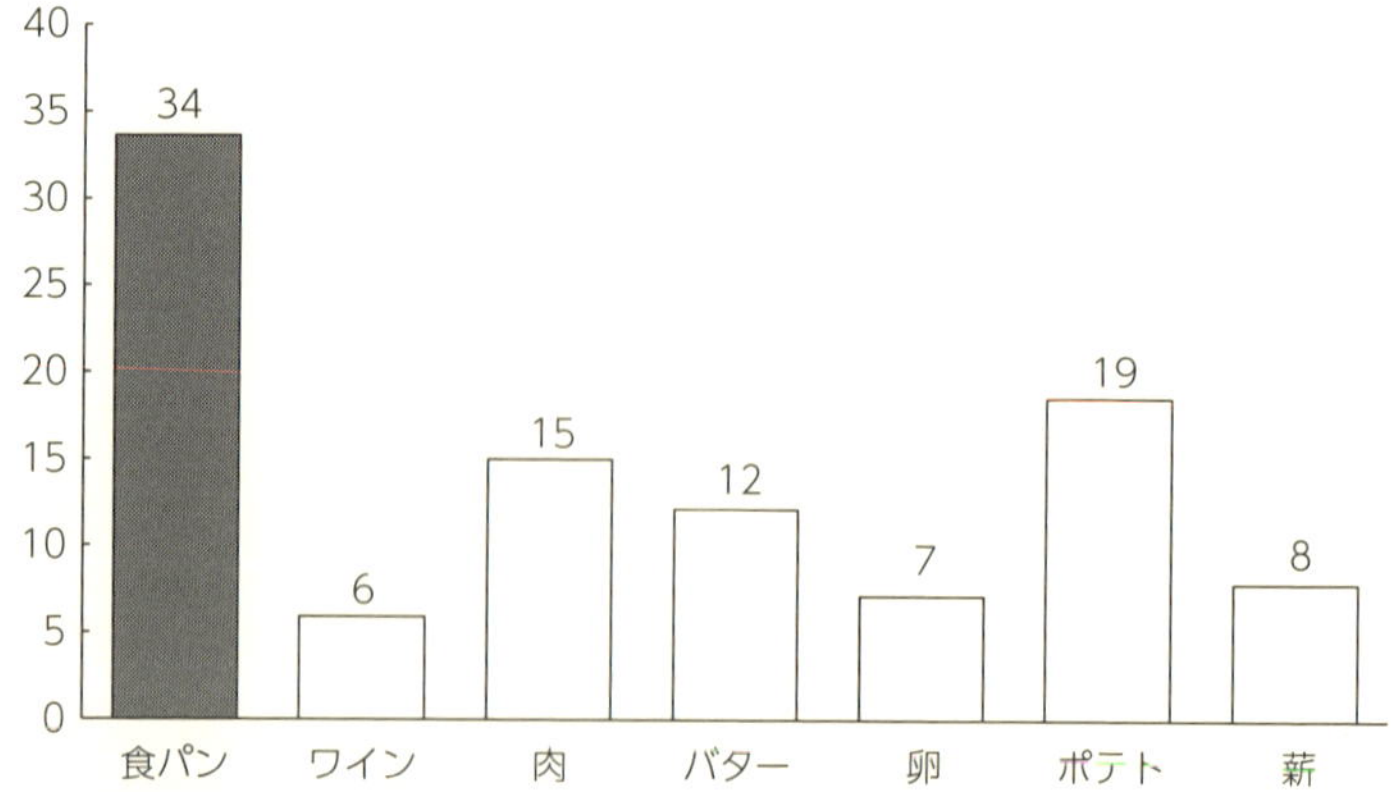

（出所）Rude(1954) 表7のデータを基に著者作成。1790年6月から1795年4月まで。

格は、同期間で6倍になっている。年率に換算するとパンの価格上昇率は107%。ワインでさえ44%の値上がりであり、酒を飲んで、インフレの憂さを晴らそうにも、そのワインさえも高くて手が出ない。さらに、その他の物資の価格は、肉15倍、バター12倍、卵7倍、ジャガイモ19倍、薪8倍であり、パンほどではないが大幅な価格上昇であった。毎日食事をするたびに貧乏になっていく市民の生活は、時間の経過と共に追い詰められていく。一方、農家は都市住民とは異なり時を追う度に豊かになったはず。値上がりする食料品は自給自足でき、さらに販売するための小麦などの価格は上昇していくからである。農家にとっては、出荷を少し遅らせるだけで、実入りも多くなるくらい、物価上昇のスピードは速い。パリの生活を楽しんでいた市民は窮乏を極め、地方の農家はインフレ長者への道を進んだのは想像に難くない。

◆破壊された年金生活

さらに、この間、年金がほとんど増えなかった年金生活者の家計は火の車になっていたことが容易に想像できる。物価上昇に際して、生活で最も苦労したのは年金生活者であったと右谷（1993）は指摘する。*5 物価上昇に追随できるか否かはともかく、労働者の場合には一定程度の賃金上昇が期待でき、物価上昇の影響を緩和することが可能であろう。しかし、事前に決められた恩給や年金のみで暮らしていた人々の生活は破壊的な影響を受けざるを得なかっただけに、労働者の困窮を上回るはず。フランス革命の際には、年金として公債を購入していた多

*4　詳しくは、Rude（1954）、263頁の表7を参照。

*5　詳しくは、年金の歴史に関して幅広く史実を分析した右谷（1993）を参照。同書では、1790年から1795年までの5年間のインフレ率を、セレスタン・ギタールの「フランス革命下の一市民の日記」（中央公論社）を基に算出し、物価は34倍、野菜やワインは30倍、小麦は112倍、そして砂糖は344倍になったとしている。

くの人々が、想定外のインフレに打ちのめされ、食費にも事欠くような苦悶の日々を過ごさざるを得なかったのである。あらかじめ決められた年金額は、物価上昇により目減りして、必要とする食料品や燃料を十分に確保できなくさせた。それに輪をかけるように、第10節で紹介したアッシニア紙幣の価値は、社会的不安定が高まり、戦乱の勃発が近づくにつれ大幅に下落した。１７９１年11月には名目額の82％程度を維持していたものの、１７９３年６月には36％まで減価したのである。[*6] 貨幣に対する信認の喪失は、人々の視線を実物資産へと向かわせ、できるだけ早く、多くの物資購入に走らせただろう。さらなる物価上昇を加速させる効果もあったはずである。

＊6　詳しくは、Rude（1954）、２５３頁を参照。

12 人口増なのに物価安定の不思議？イングランドの生産性革命

◆人口増、経済成長、物価安定

イングランドの消費者物価指数は、１８１３年をピークとして、１８３０年代にかけて下落基調で推移した物価安定化期を経た後に、19世紀末まで安定・均衡期が続く。この時代は、物価の変動率も時間とともに低下し、物価の振幅が狭小化したのである。１８２０年の混乱を乗り越えた19世紀は、前半はデフレ傾向が強く、１８５０年から１８７５年にかけてもインフレ率が加速する状況にはならなかったことから、経済停滞の時代と捉えられやすい。消費者物価指数がピークをつけた１８１３年から19世紀末の１９００年まで、指数は約４割低下し、年率▲０·６％のペースで推移している。

しかし、イングランドを中心にした経済成長率は決して低くなく、比較的高位の成長率を記録した時期であった。第２次産業革命がドイツや米国に拡散したという要因もあるが、安価な労働力を工場労働者として活用する事例も増加した点が生産性の上昇となって、経済成長に貢献したからである。農村と都市の賃金差（労働コストの差異）を利用したアービットラージ（裁定取引）と呼んでもよいかもしれない。交易や通商を主軸とした商業資本主義の時代から、物価上昇を抑制しつつ付加価値を産み出す産業資本主義の時代への転換が進展したのである。

14世紀や17世紀のように人口減少に至らないどころか、イングランドの人口は、1813年から1900年にかけて1千万人から3千万人へと3倍になり、その増加率も年率1・3％という非常に高い水準となった。そのために潤沢な労働力の供給には困らなかったのである。

さらに19世紀は、国家ごとに区分された産業資本が、「農村共同体に滞留する過剰な労働人口や海外からの移民の圧力によって都市の工場労働者の賃金がその生産性にくらべて低く抑えられ[*7]」た。これは、単なる人口増加だけではなく、農村の余剰人口や移民が製造業などの産業に吸収されるという、労働者の産業移転が進み、相対的に安価な労働力が経済成長の起爆剤になったのである。経済成長しつつも、名目賃金も、1813年から1900年にかけて経済成長を下回るとは言え約5割上昇し、実質賃金は2・4倍（上昇率は年率1％程度）になっているため、庶民にとっても物価安定の恩恵を受けることができたのである。

ここで注目すべきは、従来の歴史のパターンとは異なり、人口増加が発生していたにもかかわらず、物価上昇を併発させなかったカラクリである。人口増加と物価安定が同時に達成できた理由は、果たして何だったのか。

＊7　詳しくは、岩井（2000）、66頁参照。

◆生産性を引き上げたエネルギー革命

この疑問に対して、人口増加を吸収しつつ、経済成長を加速させた原動力は、石炭を主軸としたエネルギーの活用による生産性の引上げであった点は否定できないだろう。この点について、改めて有史以来の経緯を確認しておきたい。エネルギーの歴史は、農業の歴史との関係が深い。狩猟・採集を中心とした社会から農耕を主軸にした社会に転換する過程で、余剰食料（富）が生じるようになった。その貯蔵が可能であり、運搬が可能である点から価値が認められた穀物（小麦・大麦など）は、富の源泉となった。この食糧を得るためには、水と土地が必要であり、開墾可能な森林と豊かな河川は、人間社会の必須アイテムであったと言えよう。開墾可能な森林が消滅すると、人々は、生活を支えられなくなり人口のピークを迎え文明の衰退につながったのである。古代文明の代表である四大文明の跡地は森林や沼地に戻らず砂漠になっているとの指摘もある。*8

人力から畜力、蒸気機関へ

古代においては、この穀物を生産するための動力エネルギーは、いわゆる人力であり、食料を食べて農民が働くことで、余剰食料を生産するというプロセスが機能したと言える。その後、その食料を馬に食べさせて数倍から数十倍の動力源としての畜力を利用する文明が花開く。動力エネルギーの中心が、人力から畜力に転換されたのである。もちろん、暖房などに利用する

＊8　詳しくは、槌田（２００２）11頁参照。

熱エネルギーとしては、依然として薪および木炭が主流であったが、人口の増加とともに薪・木材（森林）が不足したため、その代替エネルギーが必要になってくる。そこで登場したのが、石炭であった。石炭を地下から掘り出すために坑道にたまった水を汲み出す蒸気機関が発明されるようになると、石炭を利用して蒸気機関（ニューコメン機関）で石炭を拡大再生産することが可能になった。水を汲み出すのに畜力を利用していた時代から、石炭で石炭を生産する時代へ大きく変化したわけである。

19世紀イングランドの石炭価格

イングランドでは、18世紀後半に蒸気機関の利用が進展し、石炭の利用価値が急速に高まったため、戦乱の影響もあったとはいえ、**図表3-4**に記したように急速に石炭価格が上昇したのである。[*9] また19世紀には、第2次産業革命で米国やドイツに拡散されたエネルギー革命は、石炭価格を上昇させたのである。さらに、運輸の効率性が高まり、遠隔地との経済的距離が小さくなった点も、さらなる生産性の上昇に貢献したと考えられる。多くの資源を活用すれば、低コストで産業化を推進できるからである。「19世紀を通して世界市場

図表3-4　石炭価格指数

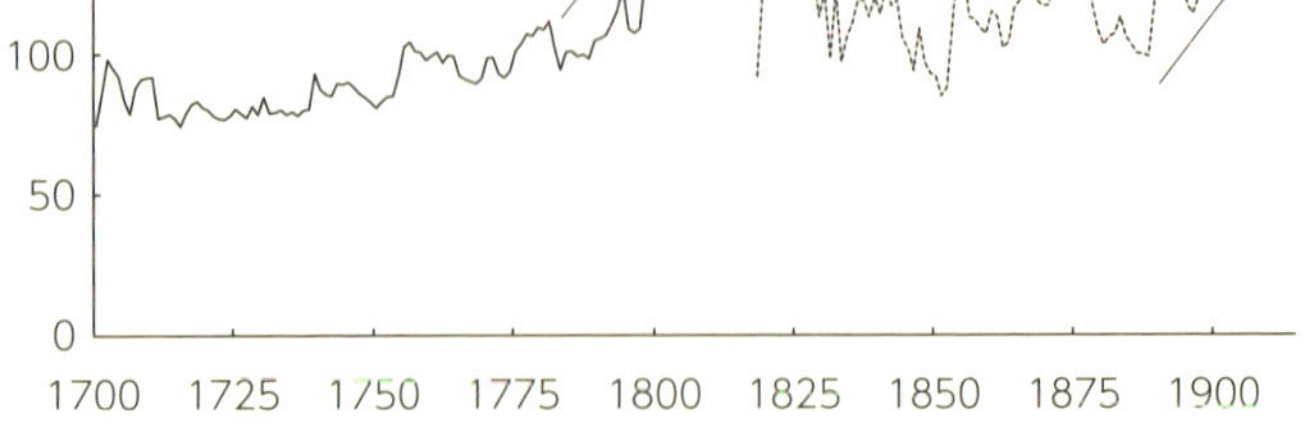

（出所）「イギリス歴史統計」のデータを基に著者作成。

が統合され、巨大なスケールメリットが生まれた」[*10]と言えよう。

石炭価格の上昇にもかかわらず、エネルギー革命は、農業だけでなく製造業に対する生産性の上昇に寄与して、様々な物価の上昇圧力を緩和した。石炭の活用により、人口増加を支えるために求められる食料品や製品の物理的な供給制約をブレークスルーできたからである。過去2回の物価安定・均衡期と19世紀のそれが異なる点は、生産性を向上させうる産業革命（エネルギー革命）が広範に浸透したため、物価安定と人口増加が両立した点にある。確かに前2回と同じく実質賃金は上昇したものの、その要因は労働者不足ではなく生産性上昇の一部を恩恵として受けとったに過ぎないと言えよう。ただし、「地代・家賃などによる不動産収入による収益率は、19世紀を通して低下し、安定化したと思ったらさらに低下した」[*11]ため、富裕層と庶民の格差は縮小し、社会的な安定性が高まった点は、15世紀や17世紀後半とも共通していた。同様に金利水準も低下基調で推移したのである。

＊9　19世紀に至るまでの英国の「石炭取引」と言えば、ノーサンバーランドおよびダラム炭鉱で石炭を産出し、それをロンドンなどに出荷する産業を意味し、石炭生産は国内中心であったとされる。

＊10　詳しくは、Fischer (1996)、１６９頁参照。

＊11　詳しくは、Fischer (1996)、１６４頁参照。

13 カネをめぐる歴史④ 金本位制下の兌換紙幣

◆金本位制の採用ラッシュ

不換紙幣の濫用により通貨価値が低下した事例は欧州だけでなく、米国にあっても、紙幣の大量発行によるインフレが問題になる時期があった。南北戦争時のグリーンバック（Greenback）*12である。物価上昇は、１８６０年代の英国では生じなかったが、米国固有の要因により生じたのであった。**図表3-5**では、南北戦争後に米ドルが対ポンドで大幅に減価したのが確認できる。南北戦争が始まった１８６０年４月の１英ポンド＝４・８５米ドルが、政府債務が増大する中で、１８６４年７月には同１２・２１米ドルまで暴落したのである。米ドルの通貨価値が対英ポンドで６割も減価しており、内戦による経済への影響は、いかに大きかったかが垣間みられる。

この19世紀後半は、世界中の主要国が金本位制を採用するブームが発生した時代でもある。

*12　不換、無利息の法貨であるドル紙幣。詳しくはマッカラム（２０１０）を参照。

*13　詳しくは、上川（２００６）参照。

英国が1816年に金本位制を採用しても、*13金本位制を採用する動きは停滞していたが、世紀末にかけて採用が加速したのである。西村（2007）によれば、1868年の金本位制採用国は、英国をはじめとした9か国であった（銀本位制採用国12か国、金銀複本位制17か国）。それが第1次世界大戦前の1908年には、米国も加わり金本位制

図表3-5　英ポンド相場（対米ドル）

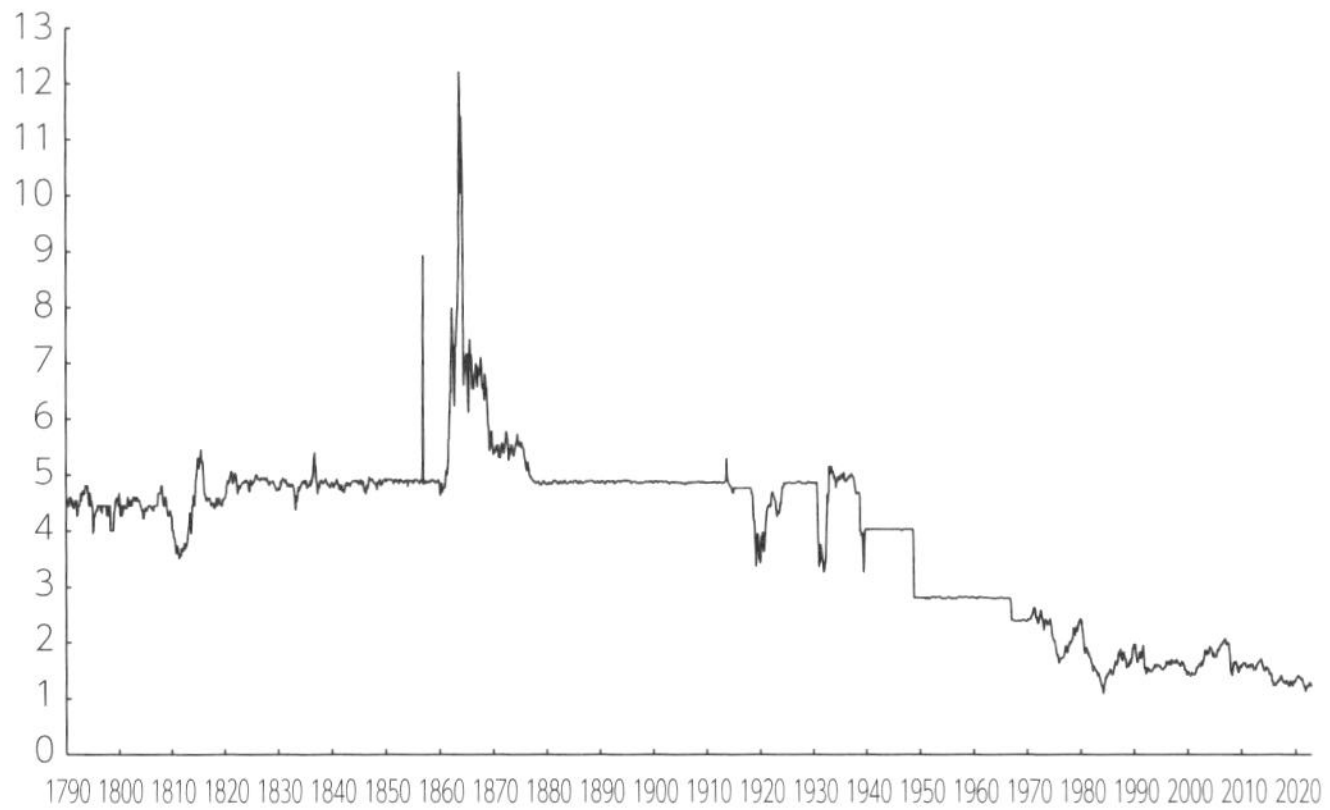

（出所）A millennium of macroeconomic data for the UK、米連邦準備制度理事会のデータを基に著者作成。

図表3-6　金銀価格（$/オンス）

（出所）NMA、WGC、NBER、IMF、アメリカ合衆国歴史統計のデータを基に著者作成（2022年まで）。

採用国が28か国まで拡大する（金為替本位制採用国も含めると34か国、銀本位制採用国は中国など4か国にまで減少）［Column❸］。

その主な理由の1つとしては、1873年に始まったロンドン銀塊相場の急落により、金銀複本位制を採用する国々から大量の金が国外に流出し、制度を続けられなくなったことが挙げられる。**図表3-6**に示したように、19世紀末にかけて、金価格は安定的に推移しているものの、銀価格が下落しているのが確認されよう。市場で取引される金銀比価が金高・銀安になったため、それまで金銀複本位制を採用してきた国々の公定金銀比価と大きく乖離してしまったからである。公定比価は、金を銀よりも低く評価して定められていたため、金銀複本位制の国々で銀を金に交換して、国際市場で金を売却する裁定取引が活発化した。金銀複本位制採用国では、金が枯渇してしまったため制度そのものの維持が不可能になったのである。

この銀塊の暴落の理由については、1871年のドイツの金本位制移行に伴う銀の売却を原因とする説など諸説あるが、銀の分離精製技術の実用化が最大の理由として挙げられよう。銅鉱石、鉛鉱石、亜鉛鉱石、コバルト鉱石等から銀を分離精製する技術が実用化されたため、生産活動の活発化とともに、銀の生産量が飛躍的に拡大したからである。

Column❸
いろいろな金本位制

金本位制を採用する国が増加していくものの、その形態は様々であった点には注意が必要である。単本位制としての金本位制（および銀本位制）と、複本位制としての金銀複本位制に区分され、金本位制でも金貨を本位とする金貨本位制、金を対外決済のみに用いて国内的には銀貨、政府紙幣、兌換可能な銀行券等を流通させる金核本位制がある。さらにこの金核本位制も金貨本位制と金為替本位制に区分できる。金為替本位制（Gold Exchange Standard）とは、十分な量の金を確保できないため、金本位制の他国に対して固定為替相場制を採用して、その国との為替レートを一定の水準にする制度。詳しくは、西村（2007）、136頁参照。

◆固定為替相場制

ところで、多くの国々の採用により国際標準化された金本位制下では、為替相場が金平価を中心に一定の範囲内に収まるように維持される固定為替相場制であった。各国の政府などは、この金平価で民間に対して金地金を売買する取決めになっていたからである。たとえば純金１オンス＝20・67米ドル＝4・247英ポンドになるように金平価が定義されたため、米ドルと英ポンドの為替平価は１英ポンド＝4・87米ドルとなり、金を介して外国為替レートが一定水準に定められたのである。1870年代末から第１次世界大戦が勃発する1914年までは、ほぼこの為替平価を挟んだ狭いレンジの中で、為替変動が推移しているのが確認される。米国が金本位制を採用した1879年以降のレンジは、金銀複本位制を採用していた南北戦争以前よりも狭くなっており（変動率が低下しており）、為替レートが安定的に推移していたことが裏付けられよう（図表3-5参照）。

実際には、国際収支に応じて外国為替レートは変動するため、為替平価に現送費（船舶料・保険費用・金利など）を加減した金現送点のレンジを超えた場合に、金現送（金の輸出入）が発生し、レンジ内に抑え込む力がはたらく仕組みであった。たとえば、米国の国際収支が赤字であれば、米ドル相場は、対英ポンドで下落しやすくなる。為替平価4・87米ドル、現送費を0・03米ドルだとすれば、１英ポンド＝4・90米ドル（＝為替平価4・87＋現送費0・03米ドル）を超えて米ドルが下落すれば、米国で政府から金地金を手当てして英国に現送したほうが、英国への支払いを安く済ませることが可能である。

そのため、米国から英国への金地金の輸出が活発化するため、金輸出点の4・90米ドル（金現送点）まで為替レートは引き戻されるだろう。逆に、米国の国際収支が黒字であれば、米ドル相場は、対英ポンドで上昇しやすくなる。1英ポンド＝4・84米ドル（＝為替平価4・87▲現送費0・03米ドル）を超えて米ドルが上昇すれば、英国で金地金を手当てして米国に現送したほうが、米国への支払いを安く済ませることが可能である。そのため、米国の金地金の輸入が活発化するため、金輸入点（金現送点）の4・84米ドルまで為替レートは引き戻されるだろう。このように、為替平価±現送費の狭いレンジ内に為替レートが固定されるため、金本位制を採用する国が多い時代の通貨システムは、固定為替相場制でもあった。＊14

◆第1次世界大戦による金本位制の揺らぎ

しかし、第1次世界大戦期には、金本位制を採用する国は減少に転じている。大規模な戦争の費用を捻出するためには、それなりの資金が必要になったのが容易に想像できよう。金本位制採用国でも金準備を大きく上回る兌換紙幣の発行を余儀なくされたのである。国際収支の急激な悪化により、金平価での兌換に耐え難くなった各国政府は、金輸出（兌換）の停止に追い込まれたのであった。また、国際金融ネットワークも、国際関係の悪化に伴い分断され機能が低下していった。

＊14 固定為替相場の仕組みについて、詳しくは松浦（2014）、15～23頁参照。ここで金現送の関係について触れたのは、わが国の「金（輸出）解禁」「金輸出再禁止」という用語を理解するための基礎知識を整理するためでもある。前者が金本位制離脱からの復帰を意味し、後者が金本位制停止を意味するのが理解されよう。

米国は1917年9月に金兌換の一時停止と輸出禁止を発表したが（金輸出禁止令公布）、第1次世界大戦後の1919年6月には、いち早く金輸出を再開している（対ロシア除く）。一方、英国は、1914年8月に事実上の金本位制を停止していたが（戦時禁制品指定）、正式に1919年4月の関税法により金を輸出禁止品目に指定し、1919年7月以降、英ポンドは対ドルで下落した。1925年4月に金解禁（金本位制復帰）の声明を出すまで、英ポンドは為替平価を下回っていたのである（1920年2月には3・38米ドル、**図表3-5**参照）。第1次世界大戦が英国を主軸とした国際金融体制に与えた影響は大きく、約半世紀にわたり続いた金本位制は大きな揺らぎの期間を迎えることになった。国際通貨システムにおいて主導権を保ってきた英国の退潮が明らかになったのである。

◆米国の金準備

最後に、米国の金準備の推移を確認しておきたい。米国は、1933年4月19日に再度金輸出停止を発表し（金本位制停止）、同年6月5日には金約款廃止法を成立させた（金本位制離脱）。

図表3-7　米国の金準備推移

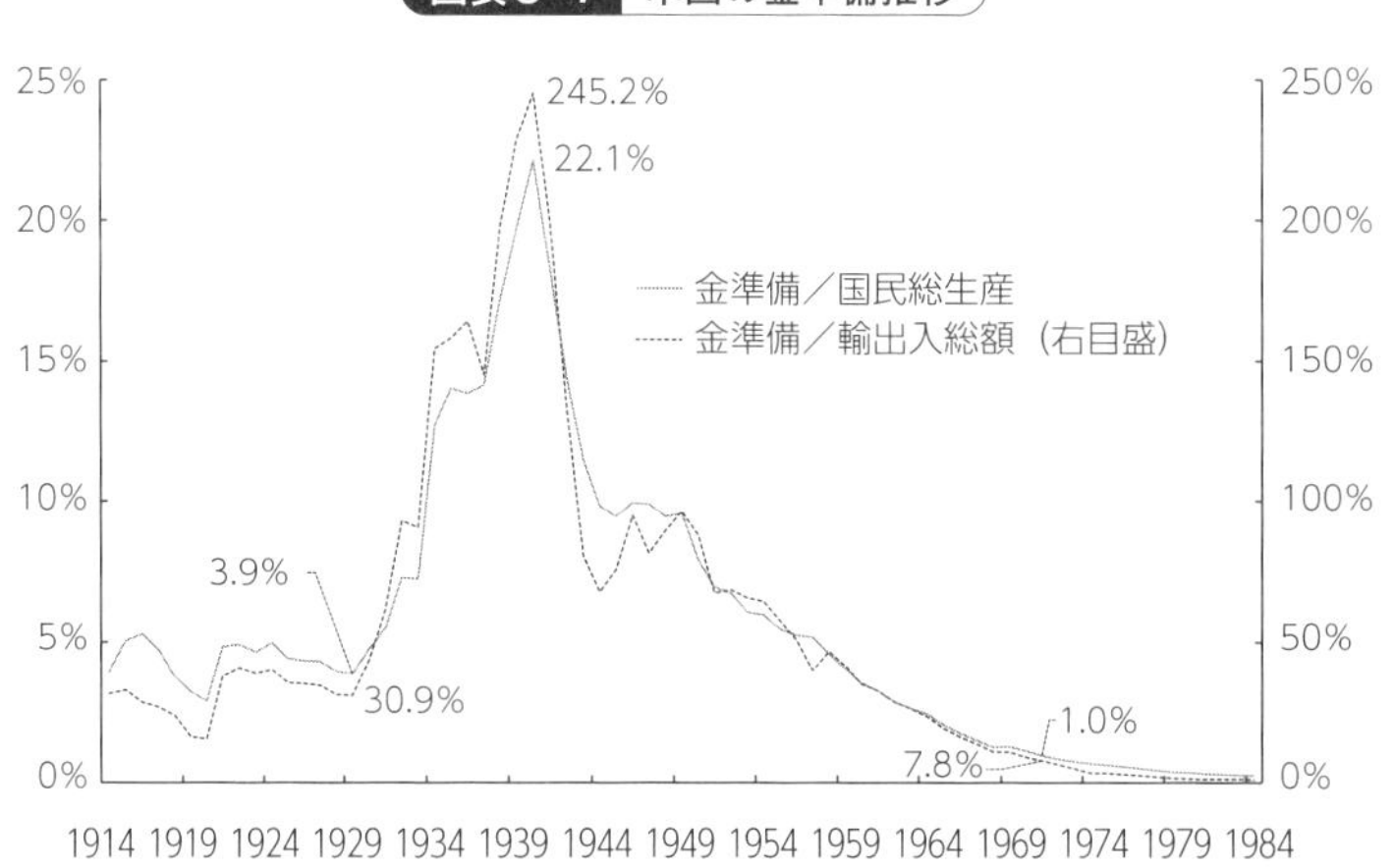

（出所）アメリカ歴史統計のデータを基に著者作成。1934年1月まで1トロイオンス＝20.67米ドル、その後は35米ドルとして算出。

1934年1月30日には、金準備法を成立させ、翌1月31日には平価切下げの2月1日実施を発表（ドル平価を40・94％切り下げ、金価格1トロイオンス20・67米ドルを35米ドルとした）。

図表3–7は、米国の金準備の推移を、米国の国民総生産や輸出入総額と比較した比率で示したものである。金準備額は、金の公定価格を、1934年1月までは1トロイオンス＝20・67米ドル、それ以降は35米ドルとして、保有量（トロイオンス）に乗じて算出している。ニューヨーク株式市場の大暴落が発生した1929年の金準備は、国民総生産の3・9％であったが、太平洋戦争が勃発する前年である1940年に22・1％まで上昇している。金準備法に基づき米国は、金価格の引上げと金集中＝買上げ政策を開始したからである。

銀行危機や恐慌に際して、米国政府は、「金価格の引上＝ドルの減価が、物価水準を引き上げ景気回復をもたらしうるという認識[*15]」を根拠に金本位制を停止したと考えられている。1940年以降は、インフレ率の上昇を伴う国民総生産の拡大ペースが著しく、金準備比率が急低下した。さらに1950年代末以降は、金準備量が減少したことにより戦間期の水準を下回り1971年には1・0％まで低下したのである。高い経済成長に対する金準備の位置取りが相対的に低下したと言えよう。同様に、米国の輸出入総額対比での金準備も、1929年から1940年まで急上昇したが、戦時期および戦後に低下基調をたどった。世界貿易額の拡大に対する金準備の確保は困難を極め、生産高に制約のある金地金を決済手段として維持することが難しくなったと言えよう。

＊15　詳しくは、伊藤（1989）、267頁参照。

第4章

第4の波　エネルギー価格循環

14 エネルギー価格はどうなる？産業社会のエネルギー価格循環（第4の波）

◆第4の波

産業革命が広く社会に浸透した19世紀以降の長期物価循環は、エネルギー価格の需給に左右されるようになったと言ってよいだろう。

フランス革命以降の混乱期は、石炭や木材といったエネルギー・資源への需要が高まるとともに、供給懸念も台頭するとともに、食料品の物価上昇も伴い多くの庶民の生活を直撃した。前記したようにイングランドの消費者物価指数は、1813年にピークをつけている。また、1860年代の米国のグリーンバック（政府紙幣）の発行も、南北戦争の混乱時に、苦肉の策として実施された通貨の一大実験であった（第13節参照）。ちょうど1810年代から半世紀経過した1860年代に、米国ではインフレ率の上昇が発生したわけである。もちろん、南北戦争が内戦であったため、その物価上昇圧力は英国まで波及せず、**図表4-1**を確認すると、南北

１８６０年にかけての物価上昇は米国に限られていた。

20世紀のエネルギー価格の上昇は、急激な一般物価におけるインフレ懸念を先導したものであった。具体的には、１９１０年代、１９４０年代、１９７０年代には、第１次世界大戦、第２次世界大戦、中東戦争といった戦乱に紐付けされた世界的なインフレが発生しているのである。この20世紀の度重なる世界的な物価上昇を、第４の波と位置づけることにする。なお、１９４０年代は、消費者物価指数でみたインフレ率が第１次世界大戦ほどに上昇していない。戦時体制下で、国内の物価統制が強化され、統制された公定価格ベースで経済統計が作成されたという事情もあるかもしれない。第２次世界大戦後には、欧州大陸を始めとした世界中での復興需要が盛り上がり、出生率の回復とともに人口増加圧力も高まったため、物価上昇が１９５０年代に後ずれしたという解釈も可能だろう。後述する原油価格の変動については、終戦後に短期的に上昇する時期もあったが、１９５０年代から１９６０年代にかけて安定推移していたため、エネルギー価格の観点からは１９５０年代を除いて、１９１０年代と１９７０年代にピークが存在していたと考えれば、１８１０年代、１８６０年代、１９１０年代、１９７０年代という

図表４－１　英米インフレ率推移　10年移動平均

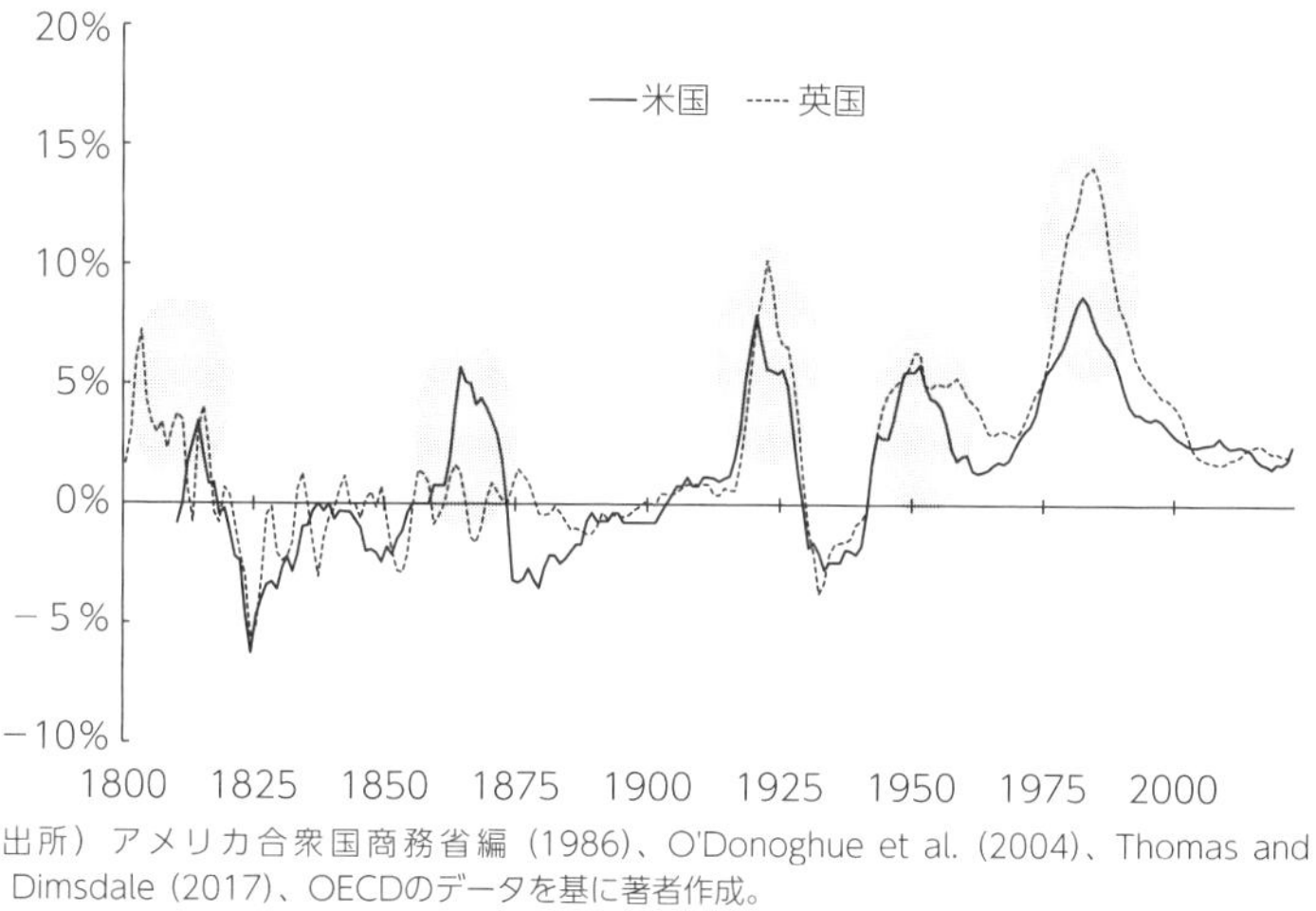

（出所）アメリカ合衆国商務省編（1986）、O'Donoghue et al. (2004)、Thomas and Dimsdale (2017)、OECDのデータを基に著者作成。

具合に、50～60年周期でエネルギー価格の循環が生じたとみなせる。

◆コンドラチェフサイクル

第5節でも触れたが、50～60年周期にわたる長期の物価循環として有名なコンドラチェフサイクルでは、物価上昇局面の初期には、農産物などの一次産品および資源・エネルギー分野の価格が、工業品などの製品価格を含めた消費者物価指数よりも上昇率が高くなると説く。この仮説が正しければ、農産物と製品の価格比（農産物価格／製品価格）が上昇し始める時期により、約半世紀ごとの物価上昇局面を特定することができるはず。その後、時間の経過とともに、農産物や一次産品の価格上昇が劣後するようになり、インフレーションが社会全般に浸透する中で価格比は低下するようになるだろう［Column❹］。

興味深いことに、この仮説は、1784年～1812年頃、1844年～1872年頃、1896年～1924年頃のコンドラチェフサイクルの物価上昇期では、この価格比が上昇した後に

Column❹

太陽黒点数と経済のただならぬ関係

天候や物価、景気に対する循環的変動を太陽黒点数の観点から説明する研究もある。太陽黒点数は、11年サイクルを基本としつつも、その5倍である55年周期でサイクルを描いており、これが地球の自然循環に影響を与え、経済変動をも左右するというのが、太陽黒点を基にした経済循環観の基本コンセプトである。住田（2000）によれば、「今日のジュグラー・サイクルと呼ばれている景気循環の主循環が、約11年を周期とする太陽黒点数の増減サイクル（シュワーベ・サイクル）に対応している」として、その5倍の周期でも振幅循環周期が認められ、それが気温のサイクルと連携しているという。この考え方は、太陽黒点数の増加により地表の吸収熱量が上昇するため、経済活動に影響を与えるというものである（太陽黒点の上昇により気温が変化すれば、それに応じて農産物供給やエネルギー需要に影響する）。

低下するというパターンが確認されたが、第２次世界大戦後の１９４４年～７６年頃にかけての上昇期では、このパターンが消失している。この長期物価循環の上昇前半期に、寒冷化がそれほど進まず天候不安による穀物収穫量の減少が発生しなかったことや、化学肥料や灌漑設備の充実による生産性革命が農業分野で浸透したため、農産物価格の上昇が目立たなかったからであると考えうる。

ところで、戦争によるエネルギーや資源といった実物資産に対する需要の増大や供給不安は、グローバル社会全体のインフレ期待を高めた。蓄積された富も、極端なインフレ懸念が台頭する時代には、現預金や有価証券といった「カネ」から、「モノ」に関連付けられた実物資産への組み換え（資産配分変更）が加速するはず。戦争や世界的な混乱は、政府の債務急増を招き、国債も売却対象となることから、国債利回りには強い上昇圧力がはたらくようになるのである。政府は、この国債利回りの上昇で、金利負担に耐え切れなくなり、通貨の切下げや紙幣の大量発行といった国際通貨システムの大転換が同時発生している点は見逃せない。

１９１０年代におけるコンドラチェフサイクルの物価上昇期にも、金本位制からの離脱が相次ぎ、第２次世界大戦後は新たにブレトンウッズ体制が構築され、１９７０年代にはニクソン・ショックによる変動相場制が始まっているように、インフレ懸念の台頭は結果的に国際通貨システムの転換を誘発してきたのである。＊1

＊1　詳しくは、カネをめぐる歴史⑤⑥⑦を参照。

15 ハイパーインフレで株価はどうなったか？ 1920年代ドイツの悩み

◆ハイパーインフレ下の賃金水準

賠償金の負担に苛まれる第1次世界大戦の敗戦国ドイツは、国内物価の急上昇に多くの国民が苦しんだ。いわゆるハイパーインフレである。ハイパーインフレの定義は諸説あるが、国際会計基準（IAS第29号）では、「3年間の累積インフレ率が100％に近いか、100％を超えている」ことが挙げられている。1920年代のドイツにこの定義を当てはめる是非はともかく、はるかにこの水準を上回る物価上昇ペースであったことは間違いない。物価上昇の影響は、フランス革命の物価上昇でも触れたが、生活者の日常の生活を混乱させた。もちろん、物価上昇を上回るペースで賃金や給料が上昇していくのであればよいものの、必ずしも、賃金上昇を伴うとは限らない。果たして、敗戦国ドイツの多くの人々の賃金・給料は上昇したのだろうか。

ベルリンのオーバーウォール通りにあるレンテンマルク発行センターの前の行列

第1次世界大戦後のドイツの「労働者階級の賃金は、戦前に比べ、8倍から10倍ほど上がったが、ホワイトカラーの給料はそれより少なく、2倍から4倍しか増えない。一方で、物価は10倍高くなっている」[*2]。これは、ドイツマルクが大幅に下落することで、輸出産業の工場で働く労働者の給料は増えたものの、サラリーマンや公務員といったホワイトカラーの給料が抑えられていたことを意味する。急激な物価上昇が、特定国で発生すれば、その国の通貨は暴落する。世界全体の物価上昇が同じペースで発生しているのであれば、外国為替レートに大きな影響は及ぼさないが、特定国だけの場合には、その通貨の購買力が低下したことになるからである。

通貨が安くなれば、輸出競争力が高まり、輸出額が増加するため、輸出産業の業績は改善する。当然、輸出製品を製造している工場の労働者には、自国通貨安のプラス面（企業業績の成長）の影響が出やすいわけである。つまり、極端なインフレの時代には、輸出産業の工場労働者の給料は、インフレ率ほど上昇するか否かはともかく、ホワイトカラーの給料の上昇ペースを大幅に上回るのである。当時の銀行員や教員なども、輸出増加の恩恵を受けないため、物価上昇並みの収入増は期待できなかった。

これはすべての製造業について当てはまるとは限らない。国内物価の上昇が激しくなれば、事業計画もままならず、輸出を対象としない内需産業は混乱を極め、インフレを上回る賃上げどころの騒ぎではなくなるはず。急速な物価上昇により、実質賃金が低下した13世紀、16世紀をはるかに上回り、ハイパーインフレに苛まれる地域では、苦しい生活を余儀なくされたので

＊2　詳しくはファーガソン（2011）、邦訳62頁参照。

ある。

さらに、フランス革命のときのパリ市民と同様に、ハイパーインフレの渦中では、上昇する見込みのない年金や恩給で生活している人々は、ホワイトカラーよりも状況は悪く、生活費の急騰に打ちのめされた。輸出産業に従事する人々は、庶民の中でも一握りであり、世界的な高齢化で年金生活者が増加することから、今後、物価上昇は社会全体にとって大きな課題になるはずである。また緩やかな通貨安や物価上昇といっても、その恩恵に浴する人々は一握りであることからも、過去のフランスやドイツの事例は、歴史上の出来事として見過ごされるものではなく、現代的課題として頭の片隅に置いておきたい。

一方、農家にあっては、ドイツの街中で販売される食料品価格の急騰が続いたため、出荷を少しでも遅らせれば、それだけ高い価格での販売が期待できた。生活に必要な食料品や生活必需品を供給する生産者にとっては、ハイパーインフレは収入の増加が期待できる現象だったのである。

◆ハイパーインフレ下の株式市場

ところで、第1次世界大戦後の極端なインフレを経験したドイツの金融市場はどのように推移したのか。果たして、物価の急上昇に対して株価は追随できたのか。1922年からわずか2年足らずで、ドイツの生計費は、2億倍以上に膨らむとともに、米ドル対比でドイツマルク

＊3　詳しくはブレッシアーニ・トゥローニ（1946）、抄述版53～57頁参照。

は、1億分の1以下まで下落している。自国通貨の下落は、輸入物価の高騰を通して国内物価にも相当程度影響したものと想定される*3。

一方、株式市場は、**図表4-2**に示すように1922年後半こそ、生活費の上昇に追いつかなかったものの、1923年に株価指数が大幅に上昇し、生計費上昇を若干上回る2・3億倍になっている。生計費上昇の加速期には、それを上回るペースで株価指数が上昇し、インフレ・ヘッジ効果があったことが確認されよう。

ただし注意しなければいけないのは、株価指数は、物価上昇の全期間を通して生計費を上回るペースで上昇していたわけではなく、下回る時期も上回る時期もあったという点である。インフレ期には、インフレ率の変動が大きくなり、ジェットコースターのように上下動を繰り返す傾向があるため、株価もその動きと同じように変動するとは限らないからである。

さらに為替と株価が大幅に変動する中で、機動的にビジネスを展開できた企業の株価は、結果的に上昇するものの、国内ビジネスに特化した金融機関などの株価は下落した点も注視すべきだろう。企業によって二極化が進み、経済環境に応じて企業の格差も拡がったのである。この点からは、ハイパーインフレ時には、漫然と株式市場全体の

図表4-2　ドイツ戦間期の生計費・株価指数・為替グラフ（1922/01＝1.0）

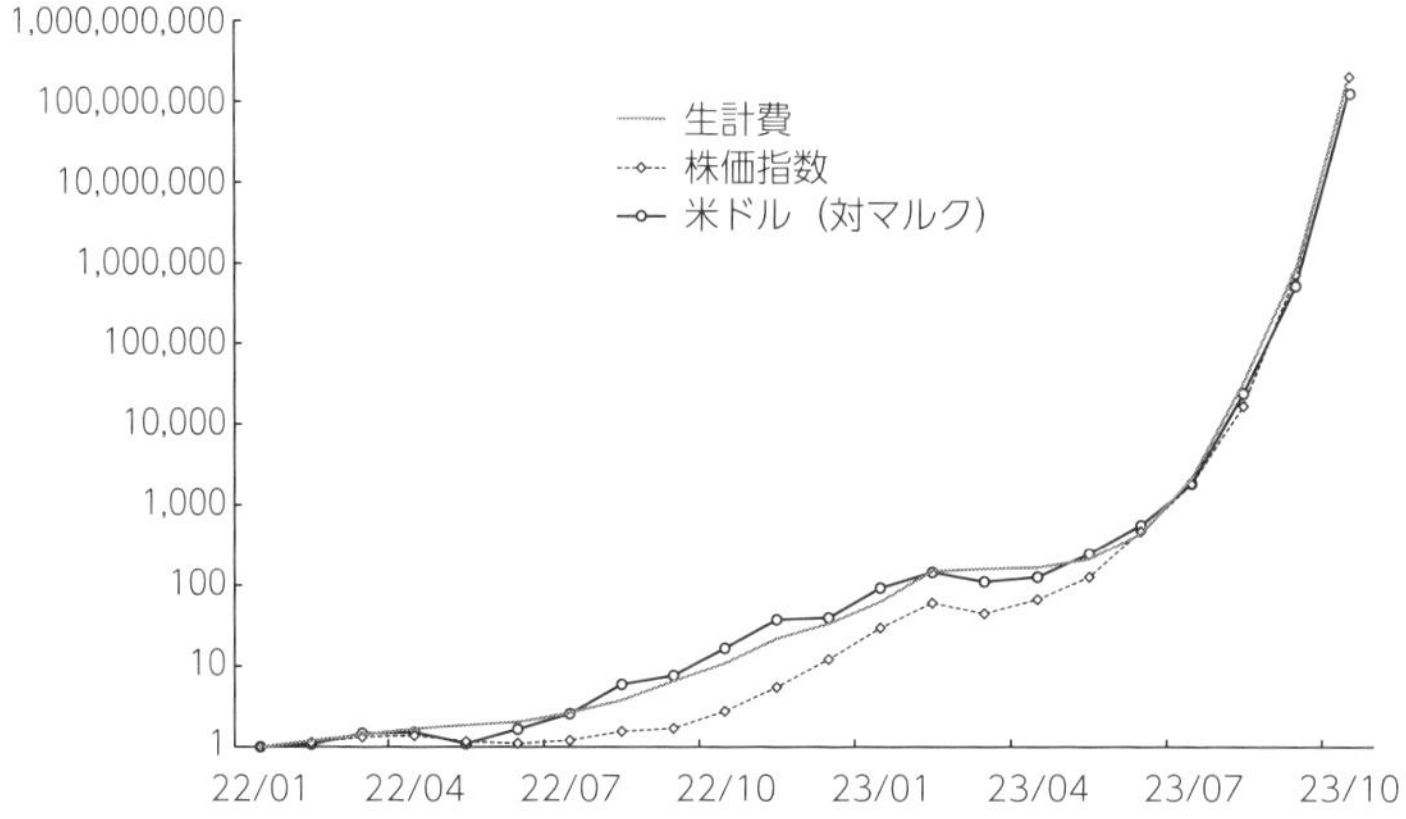

（出所）ブレッシアーニ＝トゥローニ『インフレーションの経済学』のデータを基に著者作成。

動きに追随する投資ではなく、インフレへの対応力のある企業を選択して投資することが、資産の防衛手段になったと考えられる。フランス革命後のパリ市民の生活と戦間期のドイツのハイパーインフレは、そのまま現代を生きるわれわれに当てはまらないが、多くの局面で格差が拡大する可能性が示唆される点で興味深い。

なお、このインフレは、最終的には、1923年11月に国内の土地に対して設定した地代請求権を裏付けとする臨時通貨・レンテンマルク（Rentenmark）がドイツレンテ銀行により発行され、旧マルクと1対1兆の比率で交換された。発行額が制限されるとともに政府機関への支払手段として認定されていたため、レンテンマルクへの移行が急速に進み、インフレーションが沈静化したのである。このことを「レンテンマルクの奇跡」と呼ぶ。その後ドイツの公式通貨であるライヒスマルク（Reichsmark）が1924年に発行されたが、引き続きレンテンマルクは、第2次世界大戦後まで併存して使用されている。

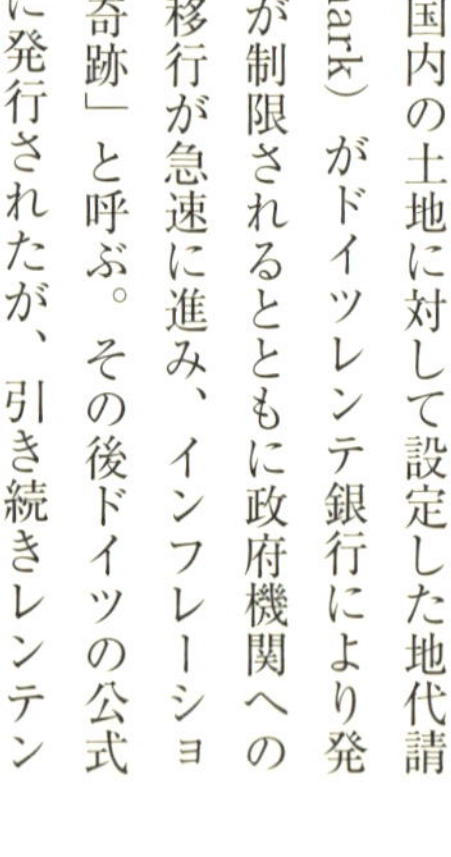

1レンテンマルク紙幣（1923年発行）

16

カネをめぐる歴史⑤
新たなる米国主導の兌換紙幣とその崩壊

　第１次世界大戦時に金本位制を停止した国々も、戦間期には相次ぎ復帰した。しかし１９３７年には、すべての国が金本位制の停止に再度追い込まれ、第２次世界大戦の終戦を迎えている。具体的に、**図表4-3**で確認してみると、第１次世界大戦後の米国が復帰した１９１９年に金本位制を採用していた国は５か国にすぎなかったが、１９２５年４月に英国が復帰し、１９２８年には40か国を超えたのである。しかし、１９２９年10月のニューヨーク株式市場の大暴落をきっかけに、吹き荒れた恐慌の影響が及ぶことになる。１９３１年をピークに金本位制採用国数は、減少に転じたのである。１９３２年には金本位制を採用する国の数は半減し、１９３７年にはゼロになる。第１次世界大戦後に、金本位制への復帰が相次いだものの、世界経済は恐慌に直面し、国際関係も悪化の一途を辿った戦間期には、物価下落の嵐が吹き荒れ、再び金本位制の維持が難しくなった。戦乱が続く時代には、物価や通貨システムが不安定化するというパターンが踏襲されたと言えるだろう。

暗黒の木曜日（１９２９年10月24日）のニューヨーク株式取引所前

◆ブレトンウッズ体制への移行

その後は、各国通貨と米ドルの交換比率を固定し、米ドルだけが金と交換比率を固定するというブレトンウッズ体制（金・ドル本位制）に移行した。金との兌換は米ドルのみに限られ、その他の通貨は米ドルにリンクされるという仕組みが始動したのである。

ブレトンウッズ体制とは、米ドルを基軸通貨として、金1トロイオンス＝35米ドルの公定価格で米政府がＩＭＦ（International Monetary Fund、国際通貨基金）メンバー諸国の政府を相手にして、金兌換に応じる体制である。[*4] ＩＭＦおよびＧＡＴＴ（General Agreement on Tariffs and Trade）は、為替・貿易の制限撤廃の原則の例外として、「①世界的なドル不足が解消するまで、経常取引に関する制限を認めたこと、②資本移動の自由を原則とはせず、資本取引の制限については各国に判断が委ねられたこと、③国内産業への打撃を軽減するために、自由貿易原則に例外が設けられた」のである。[*5] ブレトンウッズ体制を「金為替本位制」と捉えることもできるが、金・ドル交換が外国通貨当局に対してのみ認められているため、古典的な金為替本位制とは異なり、「疑似」金為替本位制とみる見方も一部にはある。

図表4-3　金本位制採用国数

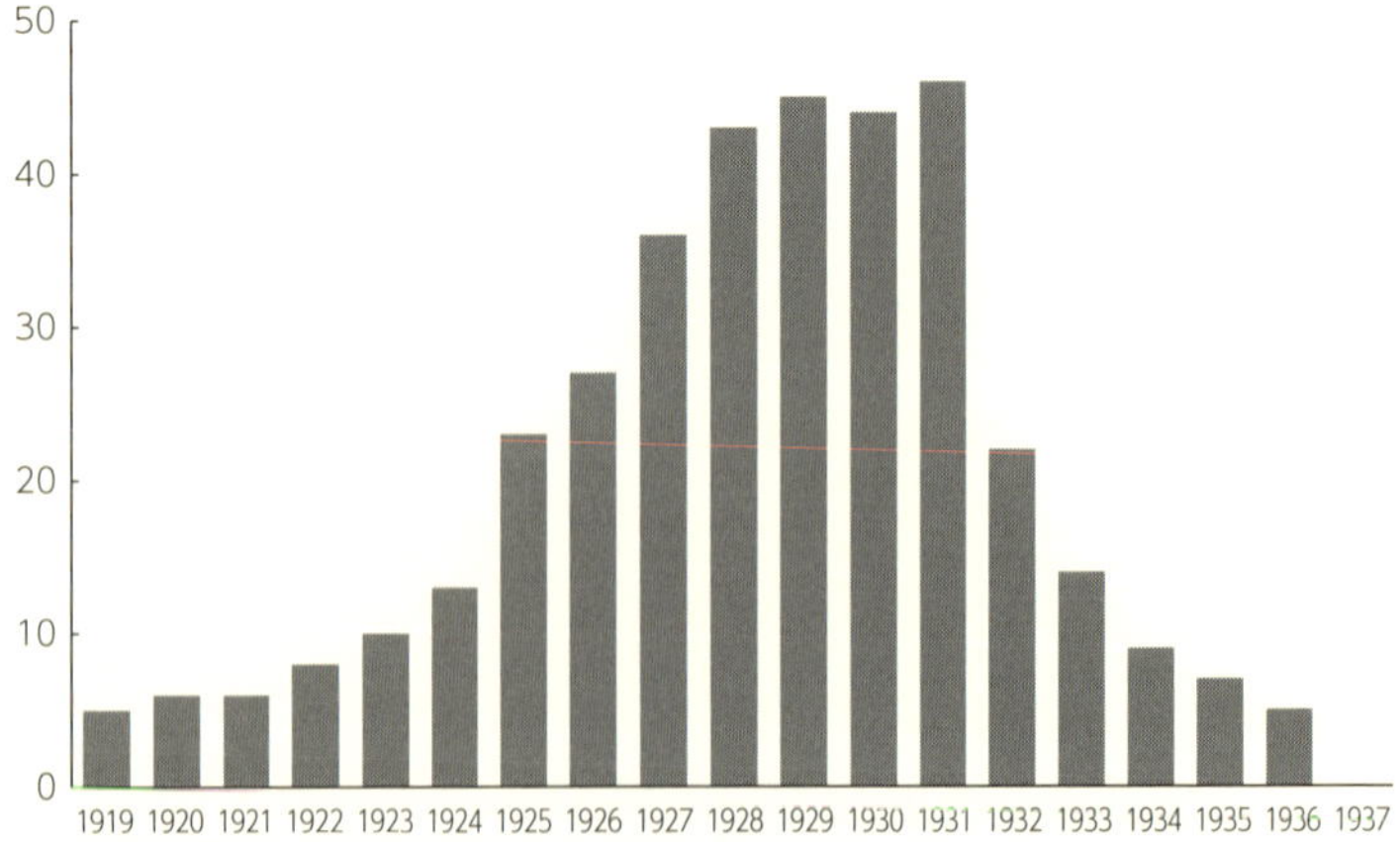

（出所）Palyi（1972）、Table Ⅳ-1を基に著者作成。

第2次世界大戦後の新しい世界秩序を構築するにあたり、復興の主導権を握った米国は、世界の経済成長をリードする国際通貨システムとしてブレトンウッズ体制を構築した。この仕組みは、紆余曲折を経つつも１９７０年代初頭まで維持されたのである。*6

◆ブレトンウッズ体制の構造問題とニクソン・ショック

しかし、しばしばドル危機などに直面しつつ、戦後の経済成長ペースの上昇が顕著になるに従い、この通貨システムにも綻びが見え始める。第２次世界大戦後に国際決済の主役を演じた通貨システムは、*7基軸通貨としてのドルの変質を段階的に経験しながら、崩壊への道程を進むのであった。オランダ、英国の金融史を輝かせた国際決済ネットワークも、その崩壊過程はゆっくりと段階を踏んで変質していったのと同じように、ブレトンウッズ体制も１９６０年代以降のいくつかの転機を迎えつつ、１９７１年のニクソン・ショックに至っている。その変質の理由は、この体制自身が抱える平価設定の際に不均衡が発生するという構造問題にあった。

その不均衡とは、金のドル価格問題と主要通貨間の為替レート調整問題である。*8金のドル価格問題は、「ドルと金の交換比率であるドルの金平価（ドル紙幣と金の交換比率）が、金の生産量の不足、世界経済の規模の拡大による金需要の増大、米国のインフレ進行等により、現実にそぐわなくなる」ことである。また、主要通貨間の為替レート調整問題とは、「ドルとポンド、マルク、円等その他の主要通貨との間の為替レート（ドル紙幣と他の紙幣の交換比率）が、

*4　詳しくは、浅井（２００５）参照。

*5　詳しくは、上川（２０１３、１２７頁）参照。

*6　上川（２０１３）によれば、日本を除く主要国（英国・フランス等）では、ドルの切り下げやドル残高の封鎖のリスクを回避するために、１９６０年代半ばまでは対外準備（政府および中央銀行が保有する外貨建て資産）として金を選好していたが、１９６０年代末から米ドルの残高を増加させている（第18節参照）。

*7　河合（２０２３）12頁は、国際通貨システムをきわめて広い概念としつつ、Cooper (1987) ２２３頁の定義を拡張して「公的部門・民間部門による国際的な通貨・金融取引を規定する公式・非公式の

各国のインフレ格差、産業の相対的な競争力変動等によりそぐわなくなる」ことである。

金のドル価格問題

第1に、1950年代にはすでに、欧州経済が発展する中で、米ドルに対する信認に動揺がみられるようになっていた。海外軍事支出・対外援助・対外直接投資による国際収支赤字が続く米国は、「対外流動債務残高の累積、公的金準備高の漸減といった事態」[*9]が続いたためである。ロンドン金自由市場では、米国の公的金準備の減少に着目して、1オンス＝35米ドルという平価よりも金の魅力が高いと判断した投機が活発に金を購入し、金価格上昇圧力が高まっている。そこで欧米7か国は、1961年11月に「金プール協定」を定め、保有する金をプールして、ロンドン金自由市場での金価格の安定（金の売却）を図るなどの対応を実施した。

1960年代には、人口増加率の上昇に応じて高い経済成長率が続いたため、米ドルなどによる決済需要が高まる中、米国の金準備も1945年の200億ドルが、1968年には108億ドルまで半減した。「世界貿易額の拡大に伴い、当然決済手段としての金ないしこれに裏付けられた米ドルへの需要が年々高まるのに対応し、その需要を満たすのに十分なだけの金の生産量を継続的に増加させることは、たとえ世界の物価が安定していても困難であり」[*10]、国際流動性（貿易の拡大に伴う決済手段）を供給するメカニズム不在の問題が指摘されたのである。国際準備通貨である米ドルは、他国の外貨準備の需要を満たすように供給されねばならないため、国際収支の悪化を許容せざるを得なくなる。世界貿易が拡大する中で、金準備を大

ルール・枠組み・慣行」と定義している。

*8 詳しくは、深尾（1990、230〜235頁）参照。

*9 詳しくは日本銀行百年史編纂委員会（1986）、293頁参照。国際収支の赤字幅の拡大・持続により、金と米ドルのとの相対的バランスが崩れ、決済準備通貨としての信認が低下する「ドル過剰問題」が指摘されている。

*10 詳しくは日本銀行百年史編纂委員会（1986）、294頁参照。

きく上回る米ドルの発行が余儀なくされ、米ドル自体の信認も低下した。逆に、米ドルの信認回復を図るために、米ドルの供給を絞れば、世界中の決済が停滞（国際流動性の低下）するという矛盾を抱えていた。基軸通貨の流動性供給とその信認の維持は両立が難しいという「流動性のジレンマ」（ロバート・トリフィンによるトリフィンのジレンマ）が経済学では指摘されている。米ドルの位置付けが、第2次世界大戦後のドル不足がドル余剰へと変質したと言えよう。

この金のドル価格問題は、英ポンドの2回目の切下げが実施された1967年11月以降、激しい金投機により金プール協定が停止に追い込まれたことでピークを迎える。この協定は、前記したように各国が保有する金を拠出して金価格の安定を図るものであったが、最終的に機能不全に陥り、ロンドン金自由市場の価格操作が立ちいかなくなったのである。そのため、1968年3月には、公定価格とは異なる需給に応じた自由市場による価格が併存する「金二重価格制」へと移行した。米政府は、各国政府間で公定価格による金と米ドルの交換を前提とし続けたものの、自由市場では、金価格は公定価格を上回る価格で取引されたのである。

図表4-4は、1950年から1975年までの米ドル対比の主要通貨と、金価格の推移を示したものである。1960年から1962年にかけて、10オンス＝35・25米ドルを挟んだ動きとなっており、平価からわずか0・7％程度とはいえ、米ドル売り圧力がはたらいていた。この時期に金プール協定に基づく市場介入が始まっており、1963年に金価格が名目上は落ち着きを取り戻している。一方、1968年4月から1969年にかけての金価格は、40米ド

ル台までの上昇となり、金平価の箍《たが》が外れた状態になっている。「1968年以降は、米国は市場価格以下での金平価で金を外国に売り渡すことを極力避けた」[11]ためであり、事実上の米ドルの減価と言ってよいだろう。つまり、1971年のニクソン・ショックを迎える前の1960年代初頭に、金準備の減少に伴う米ドルの変質が問われるようになり、1968年4月には、金に対して事実上の米ドル減価が発生していたのである。

主要通貨間の為替レート調整問題

第2に、ブレトンウッズ体制では、参加する国々の経済ファンダメンタルズ（経済の基礎的条件）が著しく不均衡に陥った場合に、外国為替レートが円滑に調整される仕組みが明確でないという欠陥も指摘されている。これは、主要通貨間の為替レート調整問題と呼ばれている。各国の外国為替レートは、切下げを中心に度々調整されたが、1960年代後半には、「ベトナム戦争の拡大に伴う国防支出の急増などを背景に、賃金・物価スパイラルを中心とするインフレーション傾向」[12]が強まり、米国の貿易収支が悪化し、資本の流出以外の要因で国際収支の赤字が顕著になった。基軸通貨国である米国の経済ファン

図表4-4 為替レート（対米ドル・年末値）

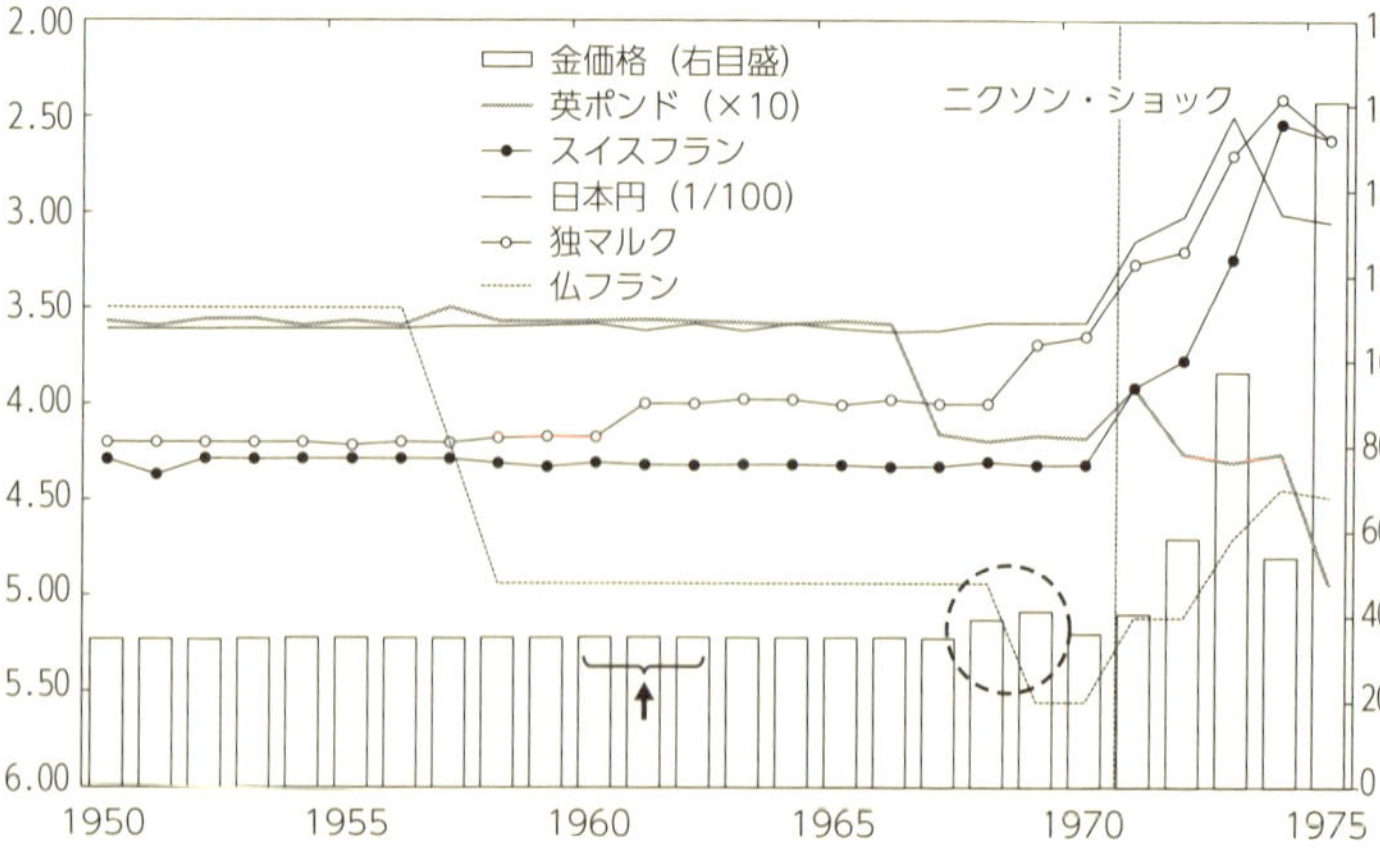

（出所）IMFのデータを基に著者作成。

ダメンタルズの悪化により、国際競争力が向上した西ドイツや日本との不均衡が拡大したのである。

図表4-4から、各通貨が切下げ（上げ）た事例を確認できる。１９６７年11月に英ポンドは、２回目の切下げを実施している。[*13]また仏フランは、１９５７年８月、１９５８年12月、１９６８年８月に切り下げている一方、[*14]独マルクは、１９６１年３月、１９６９年10月の２回にわたり切上げを実施している。ニクソン・ショック後の英ポンドのみは、英経済のファンダメンタルズの悪化から、対米ドルで減価しており、他の主要通貨が米ドル安基調で推移する好対照な動きを描いている。ニクソン・ショック前に単独での切上げを実施した西ドイツに対して、日本は切上げの実施を見送っていたが、ドイツマルクも含めて日本円への買投機が活発化し、資本が米国から流入した。特に「第２次世界大戦後一貫して貿易収支の黒字を計上してきた米国が、１９７１年に至って初めて赤字化したことは、象徴的な出来事であった」[*15]とされ、米ドルを支えてきたファンダメンタルズの変化が、米ドルそのものの変質を促したと言えよう。さらに、１９７０年代に入ってからの米国は、主要通貨間の為替レート調整問題に対する具体的な方策を示さない姿勢も、各国間のファンダメンタルズの不均衡の歪みを増幅させた。この米国の姿勢は、他国に対する通貨要請をせずに、意図的に為替相場への静観を装ったことから「ビナインネグレクト（benign neglect：慇懃な無視）」政策と呼ばれている。

そして、１９７１年８月15日に米ニクソン大統領は、ドル防衛、景気刺激および物価抑制のための新経済対策（７項目）をついに発表するに至った。この７項目の１項目が、「外国公的

＊11　詳しくは、深尾（１９９０）、２３３頁参照。

＊12　詳しくは、日本銀行百年史編纂委員会（１９８６）、２９７頁。

＊13　１回目は、１９４９年９月に対米ドルで３０・５％の切下げ。２回目は、同１４・３％の切下げを実施した。

＊14　そのほかに、１９４５年12月、１９４８年１月、１９４８年10月、１９４９年９月にも切下げが実施されている。

＊15　詳しくは、深尾（１９９０）、２３４頁参照。

当局保有米ドルとアメリカの保有する金とその他の準備資産との交換の一時停止」という米ドルによる金兌換一時停止の発表であった。いわゆるニクソン・ショックである。

米ドルによる兌換が一時的にせよ停止されたということは、間接的に世界中の紙幣が、完全に不換紙幣になることを意味した。金交換停止後、外国為替相場は、変動相場制に移行していたが、1973年12月に一時的に固定相場制に戻り（スミソニアン合意）[*16]、1973年3月には、一斉に変動相場制に移行することになる。

以上のように、ブレトンウッズ体制発足当初と比べて、金と米ドルの関係、他通貨と米ドルの関係が著しく変化し、1960年代初頭、1968年、1970年代という節目を経て、米ドルそのものが段階的に変質していったのである。国際通貨システムは、基軸通貨の変質の積み重ねにより、大転換を迎えたのである。

われわれが当然と思っている主要通貨間での外国為替レートの変動の歴史は、この時に始まった。変動する外国為替レートの歴史は、たかだか半世紀にすぎず、英国主導の金本位制も約半世紀の歴史で幕を閉じたことと重ねてみても、通貨システムにも耐用年数があり、永遠に存続するわけでないことは、頭の片隅に置いておきたい。今後も状況次第で、国際通貨の仕組みが大きく転換する可能性も考えておくべきだろう。

＊16　ＩＭＦ平価が1米ドル＝３０８円に変更され、為替変動幅は上下２・５％に拡大。

ニクソン大統領と日本の佐藤栄作首相

17 原油価格はどのように変化してきたのか？ 原油価格150年史

21世紀以降も、エネルギーの希少性と偏在性は否定できず、戦争や紛争、国際関係の悪化により、その供給が寸断される事件はしばしば発生している。時としてエネルギー価格の上昇が、各国政府の経済政策、中央銀行の金融政策に大きな影響を与えているのである。２０２０年代初頭にも米連邦準備制度理事会（ＦＲＢ）[*17]は、エネルギー価格をはじめとするインフレ率の上昇をその理由の１つとして、急速な金融引締めを実施した。大量生産・大量消費を前提とする産業社会から、ソフト・サービスが主軸の情報社会へと社会構造が転換しているとは言え、エネルギー価格の変動からは目を離せない。果たして、エネルギー価格、特に原油価格は、長期的にどのように推移してきたのであろうか。

かつて人類のエネルギー源は、森林から供給される木材であり、欧州では特に暖房需要を満たしてきた。13世紀も、15世紀から16世紀にかけても、木材不足がボトルネックとなって、社会の発展を拒んできたが、18世紀の後半には、蒸気機関の浸透により、石炭へのエネルギー転

＊17　ＦＲＢは、Federal Reserve Boardの略称。

換が図られた点については前記した。石炭は、木材不足の桎梏を取り除き、英国を中心とする主要地域の経済の飛躍的発展の契機を提供したのである。石炭は、大量に採取可能であり、木材よりも割安でエネルギー効率がよかったことや、技術革新により鉱山の表層部ではなく地中深くから高質の石炭が採掘可能になったため、エネルギーの主役が移行したのである。

その後、この獲得可能性、価格の優位性、エネルギー効率性という3つの条件は、そのまま石炭から石油へのエネルギー移行の条件となる。20世紀には、エネルギーの主役は石炭から石油に転換し、現代に至っている。現在われわれが重要課題として挙げる温暖化対策・二酸化炭素排出量の抑制も、この3つの条件から考えてみる必要があるかもしれない。化石燃料の使用抑制により、次世代型エネルギーへの転換を図るにしても、理念とともに効率性も求められるからである。サステナブル社会を構築するためにも、獲得可能性、価格の優位性、エネルギー効率性を満たすという点からは、現在が移行期に相当するならば、原油価格の推移にも大いに関心を払う必要があるだろう。

米国では、1880年前後から、エネルギー消費の中心は、燃料用木材・木炭から石炭に転換し、1950年前後から石炭から石油へと移行したとされるが、その原油自体の生産は、少ないながらも1860年頃から本格化した。以下では、おおむね150年程度の原油価格の歴史を、メジャーズ[*18]の時代、OPEC（Organization of the Petroleum Exporting Countries）の時代、原油価格の下落時代、潮目の変化の20世紀末の4つの期間に分けて確認したい（**図表4-5**参照）。

＊18　国際石油資本とも呼ばれ、原油の探鉱・生産・輸送・精製・販売までを一貫して行う英、欧、米の巨大企業群。

◆（第1期）1860年代～1960年代

メジャーズと言われた大手石油会社が支配した時代の原油価格は、1860年代こそ石炭価格の変動に歩調を揃えるように、上昇と下落を経験したものの、19世紀末から第1次世界大戦前にかけては安定的に推移した。また、第1次世界大戦および第2次世界大戦による需要拡大は、石油価格を上昇させたが、1950年代と60年代は、約2.5ドル／バレルから約3ドル／バレルまでの緩やかな上昇にとどまった。原油価格は、変動の時代と安定の時代を繰り返し経験してきたと言えよう。この間、メジャーズは、原油および石油製品の需給をコントロールし、石油生産量を統制することを通して、価格の維持を目指した。しかし、1970年代以降は、米国の原油調達における海外依存度が高まり、その役割をサウジアラビアなどに委ねざるを得なくなったのである。

◆（第2期）1970年代

1960年には、原油価格引下げを要求するメジャーズに対抗する

図表4-5　米国原油価格（米ドル／バレル）

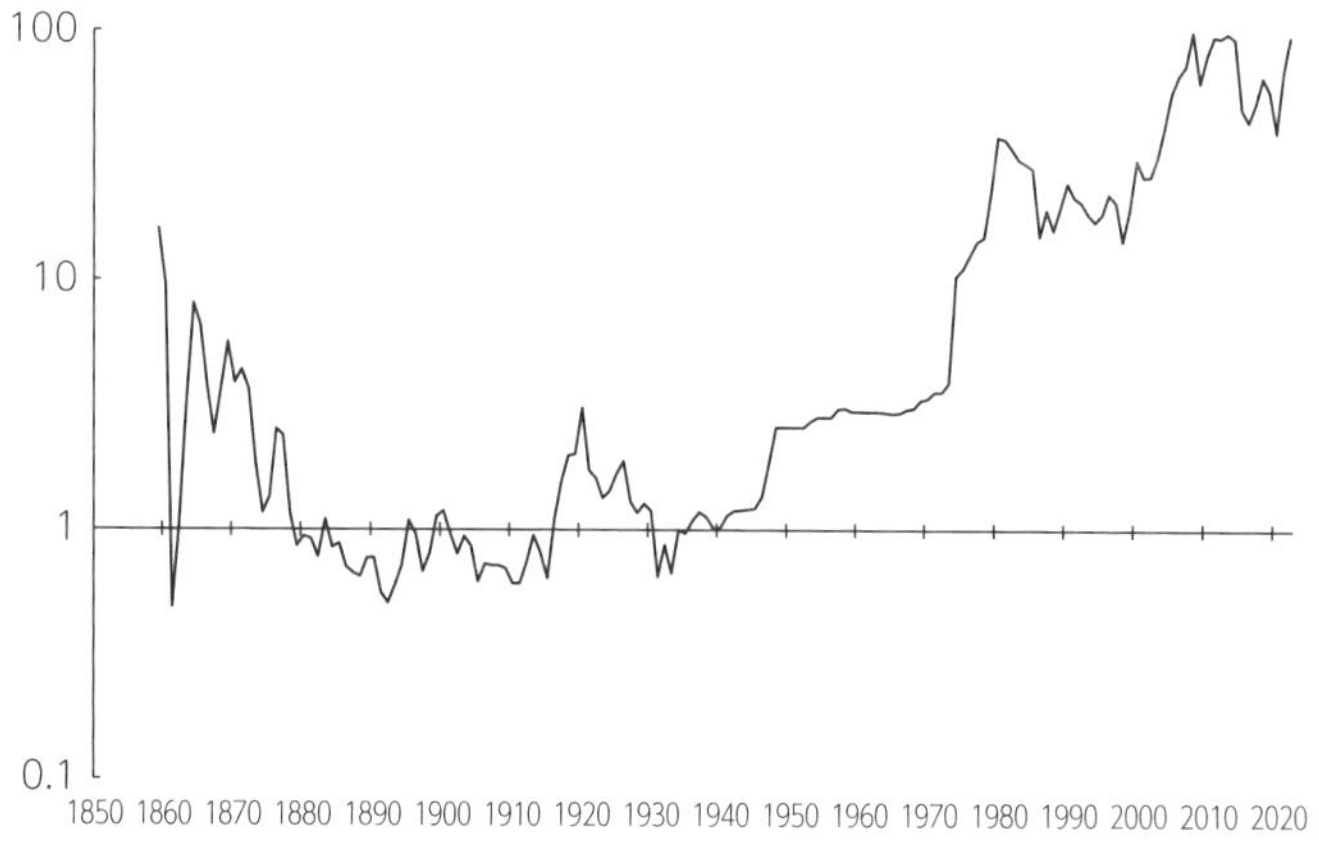

（出所）アメリカ合衆国商務省、セントルイス連銀のデータを基に著者作成（1860年～2022年（年平均））。

ために、サウジアラビアを含む産油国は、石油輸出国機構ＯＰＥＣを設立し、結集してメジャーズと価格交渉をするようになった。ＯＰＥＣを主軸とした１９７０年代は、原油生産コストが他国に比べて非常に安価であるサウジアラビアが主役を演じた時代である。１９７４年には、約２ドル／バレルであった原油価格が10ドルを超える水準まで上昇し（第１次オイルショック）、さらに１９７９年のイラン革命と、その後１９８０年に発生するイラン・イラク戦争を背景に、１９８０年には35米ドル／バレルを上回る原油価格上昇期を形成した（第２次オイルショック）。

◆〈第3期〉1980年代〜1990年代

20世紀末には、需給調整役を引き受けていたサウジアラビアの調整力が低下し、世界各地の需給に応じて価格が決定する市場型の価格調整が主流になった。結果的には、各国の生産が需要を上回り、１９９０年のイラクによるクウェート侵攻（湾岸戦争）で一時的に原油価格が上昇する局面はあったものの、趨勢的に下落傾向で推移した。１９９８年のアジア危機以降は、１９９９年に10ドル／バレル台[*19]（ＷＴＩベース）まで下落した。

クウェートのアラー・フセイン・アリー首相とイラクのサダム・フセイン大統領（１９９０年）。

*19　ＷＴＩ（West Texas Intermediate）は、米国テキサス州西部を中心とした地域で産出される高品質な原油。

◆（第4期）2000年代～

21世紀にはいると、新興国経済による持続的な需要拡大が期待される中で、石油精製設備の精製余力が縮小していたため、ガソリン・灯油といった石油製品の供給不安が高まった。原油価格や石油製品価格が急上昇する展開となったが、２００８年以降のグローバル金融危機が影響し、原油価格は頭打ちになった。その後は、２０２０年には、新型コロナウィルスの世界的な感染拡大により、原油需要が激減して、原油価格が大幅に下落し、世界経済にも衝撃を与えた。その動きとは逆に２０２２年には、ロシアのウクライナ侵攻などをはじめとする地政学的リスクの台頭によるエネルギー供給懸念から、原油価格は暴騰したのである。現在は、価格が激しく動く大変動時代を迎えているといえよう。

18

カネをめぐる歴史⑥
不換紙幣の裏付けとしての政府への信認

ブレトンウッズ体制は金を裏付けにした通貨システムであったものの、突き詰めれば米ドルを発行する米国に対する信認を土台にした制度であった。だが１９６０年代半ばまでの英国やドイツ（１９７０年までのフランス）は、対外準備として米ドルではなく金を中心に保有していた。[*20] 米ドル中心の通貨システムを信認せず、全面的に組み込まれることを拒んでいたと解することもできよう。対外準備として金ではなく米ドル（たとえば米国債）で保有すれば、金利収入を獲得できるとともに金価値保証もあったにもかかわらず、積極的に金を保有するということは、非経済的理由に基づくもの（たとえば政治的判断）であった可能性が高い。

しかし、１９６０年代末からは、対外準備としての金の比率が低下し、米ドルの比率が上昇し始めたことは、カネの裏付けとしての貴金属への依存が薄まり、基軸国への信認を裏付けする体制を受け入れざるを得なくなったと言える。[*21] これは、表面的には、金を本位とする兌換紙幣の時代が続いていたものの、１９６０年代の末期には、金本位制から米国政府への信認を背

＊20 上川（２０１３）、96頁の図1参照。

＊21 日本銀行百年史編纂委員会（１９８６）２９５頁には、「アメリカのインプリシットな要請に対応し各国が金への交換請求を自主的にできるだけ抑制することによりかろうじて保たれる」ようになったと記されている。

景にした国際通貨システムへの道が始まっていたことを意味する。貴金属から政策への信認（クレディビリティ）を基盤とする通貨システム、いわばクレディビリティ本位制への転換が図られていたと表現してもよいだろう。

主要国の金準備の推移を改めて**図表4-6**で確認すると、従来から金融覇権を誇ってきた英米での1960年代の減少が目立つ。英国の場合、前記したように対外準備に占める金の比率は高まっていたものの、対外準備そのものが低下し、国際金融における位置付けが後退しているのが裏付けられる。

英国の金準備は、1950年の82百万トロイオンスが1971年の23百万トロイオンスまで7割超の減少となっている。フランスやドイツ、そしてスイスの場合には1960年代半ばにかけて金準備が拡大しているが、その動きは少なくとも1968年に停止され、その後は一定水準を維持するようになっている。不安定なブレトンウッズ体制を補完するように、自国の金準備を増加させてきた主要国の一部も、その動きを停止したのである。1971年8月のニクソン・ショックを待たずに、経済成長率の底上げと国際決済ニーズの高まりに応じて貴金属を量的に拡大させることは難しく、金などは円滑な決済通貨に

図表4-6　主要国の金準備（百万トロイオンス）

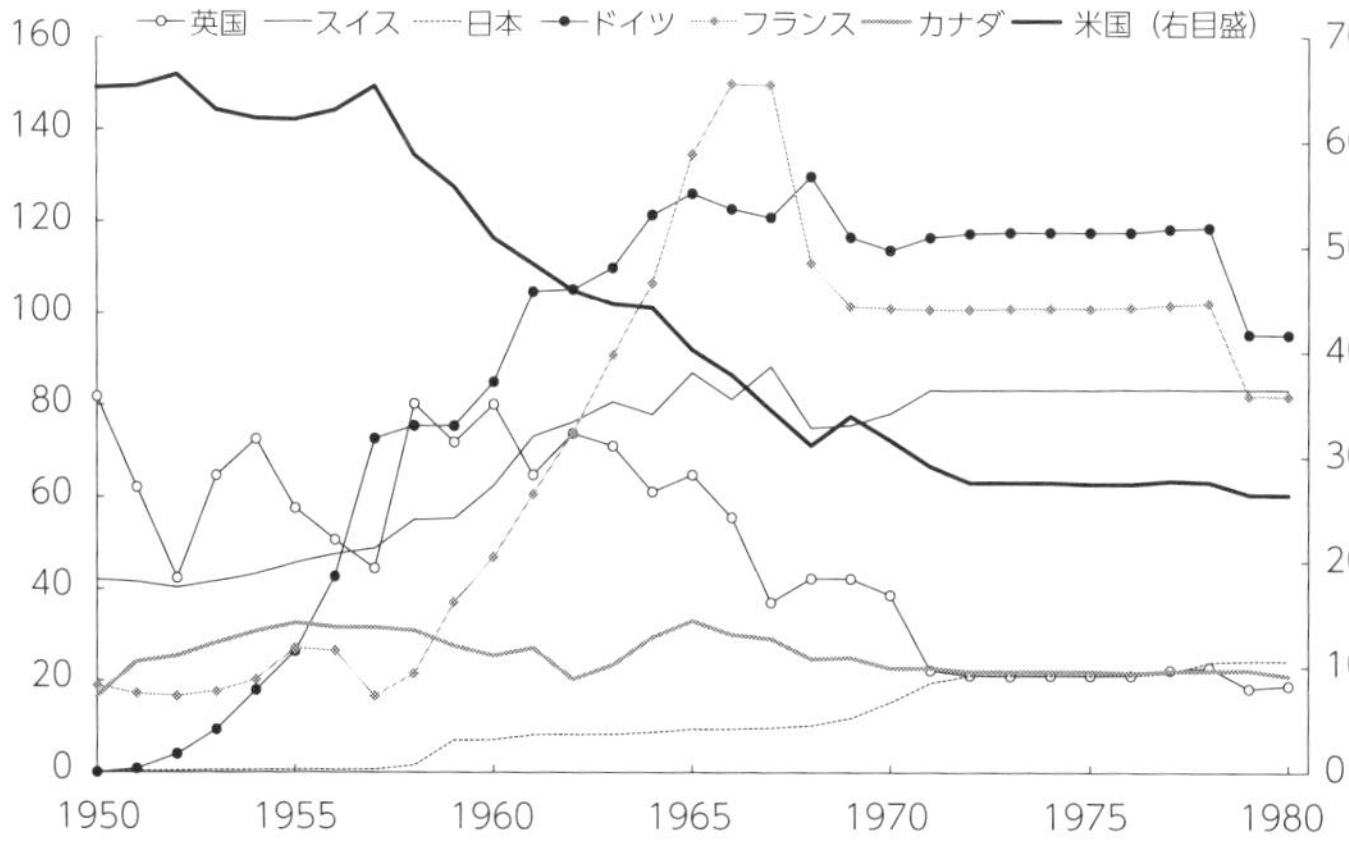

（出所）IMFのデータを基に著者作成。

なり得ないという限界が露呈したとも言えよう。貴金属の生産には限界があるため、より柔軟に国際決済ニーズに対応できる米ドルによる決済体制にシフトしたのである。米ドルを用いての国際決済ニーズの急増は、金価格との固定性を維持する意味を問い始めていたと言ってもよいだろう。

このような紆余曲折を経て政府に対する信認に基づく変動相場制が始まったが、この制度に基づく不換紙幣の拠り所は、中央銀行のバランスシートという側面から見ると理解しやすい。

紙幣や金融機関から中央銀行への準備預金（当座預金）は、中央銀行にとってみれば負債になる。この負債に対応するバランスシート上の資産は、金本位制の時代には一定割合の金地金が計上されていたが、不換紙幣の時代には、国債などの政府債務が主に計上されるようになっている。これは、中央銀行の負債である紙幣などは、政府が適切に政策運営を執行するという信認に裏付けられているとみなせる。もちろん、様々な決済に利用されるカネは、金融機関の貸出を裏付けとする預金でもあるため、金融機関が健全に運営されていくという信認も、カネの裏付けと考えることもできよう。

つまり、国際通貨システムは、インフレ率の急上昇による通貨価値の下落を発生させないような政策運営をするという中央銀行に対する信認や、健全な運営が維持されるという金融システムに対する信認を裏付けにしていると言ってもよいだろう。

19 カネをめぐる歴史⑦ 基軸通貨はゆっくり衰退する？

◆ゼロに近づく金準備のGDP比率

図表4-7は、1960年以降の米国マネー指標を経済規模（GDP）と比べた場合の比率を示しており、金準備（公定価格）が、限りなくゼロに近づいていることを示している。**図表4-4**で確認したように、ニクソン・ショック時に米国の金準備は国民総生産（GNP）の1％程度まで低下していたが、1トロイオンス＝35米ドルというブレトンウッズ体制時の公定価格で再計算すれば、2022年の金準備は、国内総生産（GDP）の0.04％まで圧縮されていたことになる（**図表4-7**の太点線）。仮に、米国が金との兌換を現代まで維持していたとすれば、金を一定程度保有しなければいけないため、現在ほど多くの兌換紙幣（米ドル）を発行するのは難しく、国際決済通貨が大幅に不足し、経済成長の足枷となっていただろう。戦後の成長経済率やインフレ率は、米ドルという兌換紙幣の増加ペースでは対応できないまでに高まっていた

のである。

ニクソン・ショックを契機に、金価格は市場の需給により決定されるようになったため、１９７１年通年で平均した金価格（1トロイオンス当たり）は、40米ドルを超えていたが、１９８０年には６１５米ドルまで急上昇し、10年も経過しないうちに15倍強に上昇した。市場価格をベースにした金準備は、ＧＤＰの５・７％まで上昇していたのである（**図表4-7**の太線）。この水準は、金本位制下の戦間期における金準備のＧＮＰ比率と遜色ない水準であり、ブレトンウッズ体制での1トロイオンス＝35米ドルという公定価格を維持できなかった証拠ともなる[*22]。この金準備を気にかけることなく紙幣や硬貨を発行できるようになり、流通通貨（紙幣＋硬貨）の規模が、需要に応じた一定水準（対ＧＤＰ比率）で保たれ、経済成長に応じた決済ニーズを満たすことが可能になったのである（**図表4-7**の実線）。

◆マネタリー・ベースの急拡大

しかし、この動きにも変化が訪れた。中央銀行が供給するマネタリー・ベース（**図表4-7**の点線）は、流通通貨とほぼ同水準だったが、

図表4-7　米国マネー指標の対GDP比率

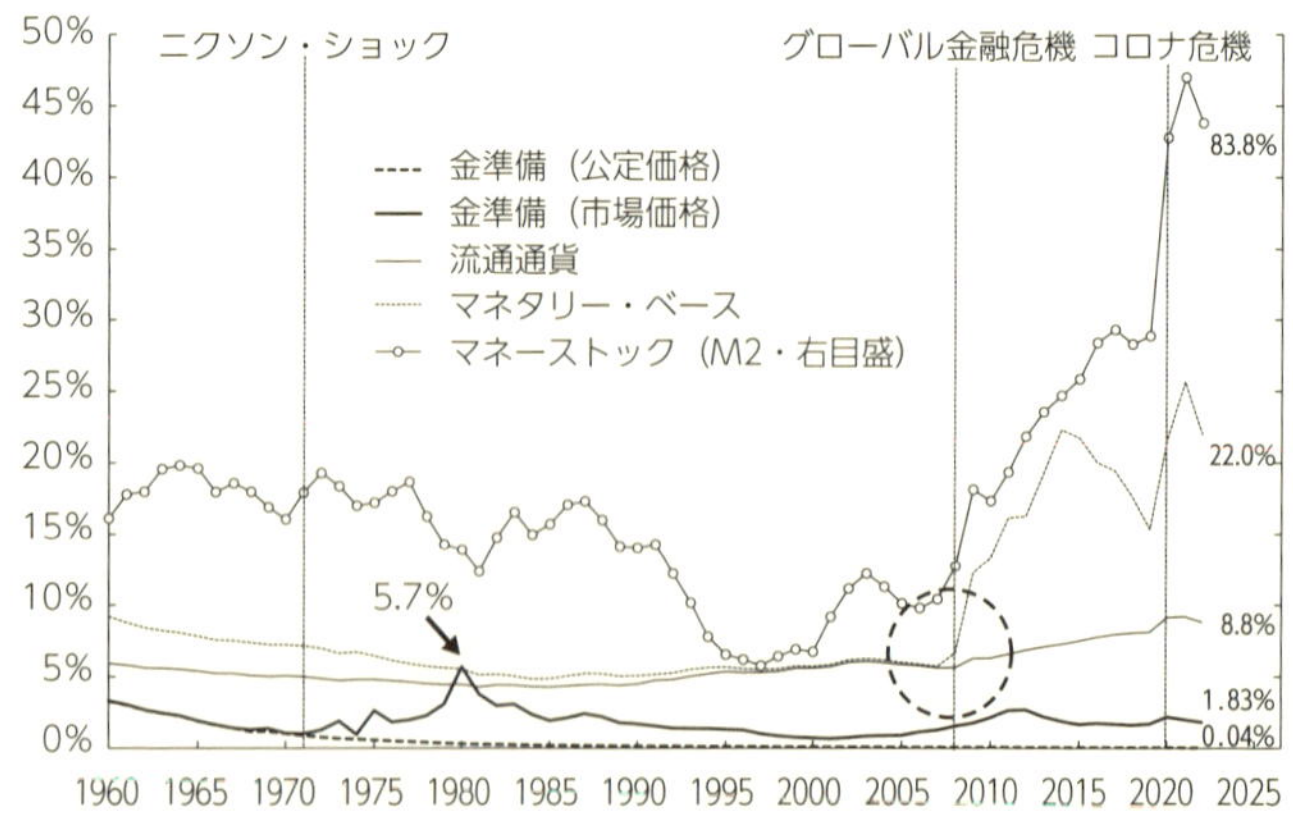

（出所）NMA、WGC、FRED、IMFのデータを基に著者作成（2022年まで）。

２００８年のグローバル金融危機以降に急拡大したのである。２０２２年現在での流通通貨の規模はＧＤＰの８・８％にすぎないが、マネタリー・ベースは２２・０％まで上昇し、両者の格差が拡がっている。これは、その後のコロナ危機も含めて、連邦準備制度理事会が国債などの資産購入政策を活発化させた上で、民間金融機関への資金を供給したためである（一般に量的緩和（ＱＥ）[*23]と称される金融政策）。ＦＲＢに限らず、主要な中央銀行は、マネタリー・ベースを拡大させることを通して、民間金融機関が貸出態度を悪化せずに済むことを期待したのである。金融機関の貸出が絞られれば、実態経済の収縮は避けられない。そのような状況を防ぐための危機対応と言ってよい。これは、歴史的に見ても異例の措置であり、それだけ21世紀に発生した危機に対する警戒感が高かったことを裏付けている。グローバル金融危機までは緩やかに推移してきたマネタリー・ベース（対ＧＤＰ比率）が、２００９年以降には蜂の巣をつついたように急変動しているのが確認できよう。

この対応により、民間金融機関による貸出態度の悪化は回避され、預金も増加したためマネーストック（金融部門から経済全体に供給されている通貨の総量：Ｍ２）も急拡大している（**図表4-7**の白丸線）。マネーストックは、１９９５年にかけてまでは低下していたものの、２０００年のＩＴバブル崩壊を経て、２００８年のグローバル金融危機時にかけて上昇基調で推移している。特にコロナ危機後には、80％超にまで急上昇しており、ニクソン・ショック以降の動きとは一線を画しているのが確認されよう。マネーストックの規模は、１９６０年代以降、おおむねＧＤＰの50％台にすぎなかったが、２つの危機対応の挙句、80％超にまで膨張し

＊22　２０２２年の市場価格をベースにした金準備は、ＧＤＰ対比１・８３％になっている。

＊23　ＱＥは、Quantitative Easingの略称。

たのであるから、この資金供給の異常さは、社会全体の危機に直面して、大盤振る舞いの金融緩和によるものと言えよう。

◆増大したマネーストックの中身

ところで、この預金をはじめとするマネーストックの増大は何を意味するのだろうか。この謎を明らかにするために、マネー指標というマクロの視点とは別に、ミクロの視点から確認したい。以下では、米国の商業銀行部門のバランスシートに着目する。

図表4-8は、米国商業銀行の資産としての貸出（リース含む）と現金・準備預金等、負債である預金のそれぞれ対GDP比率の推移を示している。一般に、借り手の資金需要に応じて商業銀行が貸出を実行すれば、借り手の口座に預金金額が記入されて預金を創造するため、貸出と預金はおおむね連動する。それぞれの対GDP比率は、1995年前後まで一定水準で安定していたものの、その後、歩みを揃えて上昇基調に転じている。グローバル金融危機が発生した2008年の預金は、GDPの46.9%であるのに対して、貸出（リース含む）は同45.4%であり、それまでの期間での格差変動は

図表4-8　米銀の預金・貸出の対GDP比率

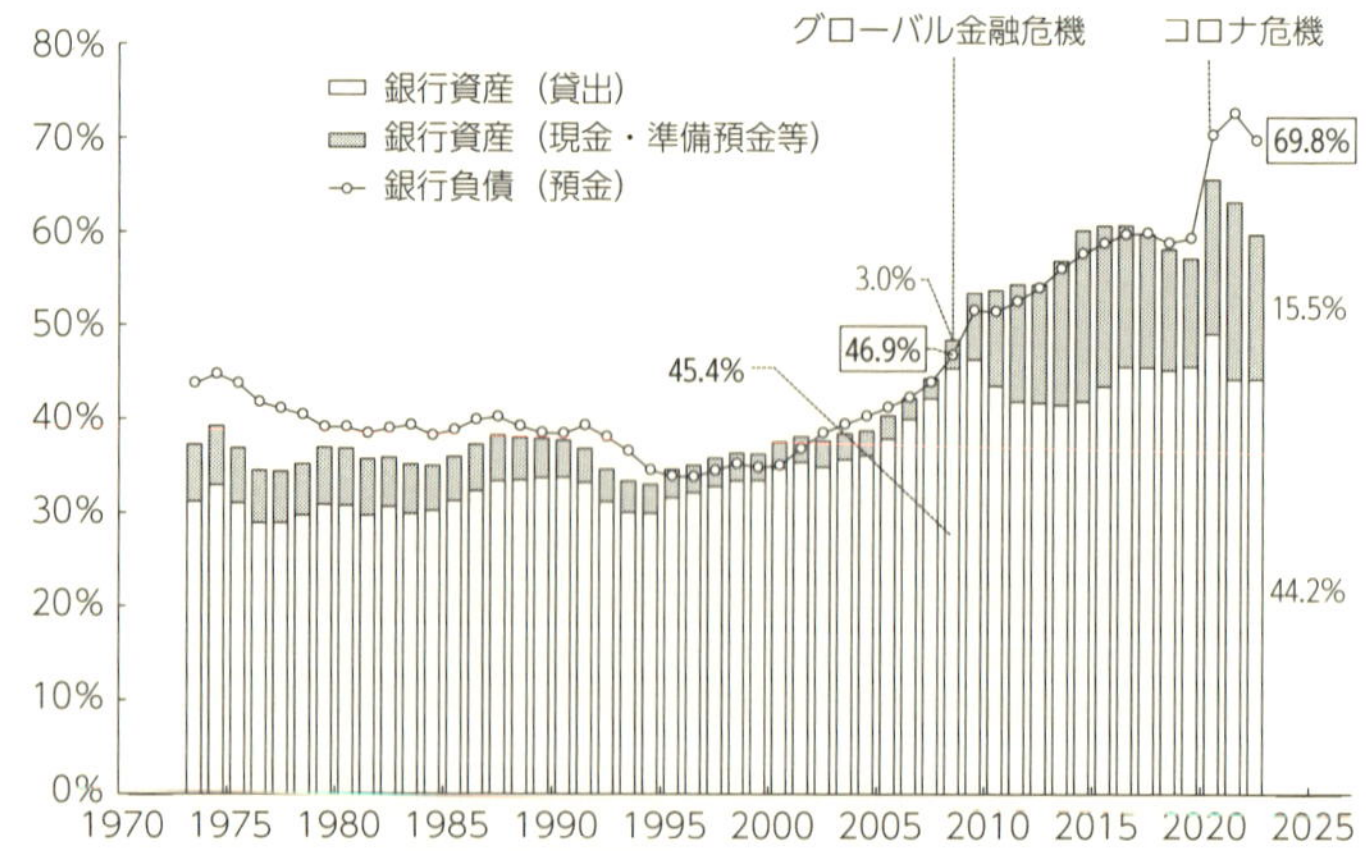

（出所）FRB、BEAのデータを基に作成（米銀は、All Commercial Banks）。

あるものの、方向性は連動していたと言えよう。

しかし、２００９年以降には、預金と貸出がワニの口のように開き始めているのに目を奪われる。ワニの口の上顎である預金（対ＧＤＰ）比率を無理やり摘み上げて（２００８年の46・９％から２０２２年の69・８％まで、22・９％の上昇）、下顎に相当する２０１０年代前半に低下した貸出（対ＧＤＰ）比率を支えている（２００８年の45・４％から２０２２年の44・２％まで、１・２％の低下）ようにも見える。結果として、両者の連動性が消失し、歪みが生じるように格差が拡がったのである。この格差を埋めているのは、商業銀行の現金や中央銀行への準備預金であり、２００８年に３・０％にすぎなかったものの、２０２２年には15・５％までになっている。*24

商業銀行の預金は、**図表4–7**の異常なマネーストックと歩調を合わせるように急上昇していたが、商業銀行のバランスシート側から貸出に注目すると、それほどまで貸出は急増していなかったのである。商業銀行の貸出は、むしろＧＤＰの増加ペースを下回っていた。特に２０２０年に顕著になっているが、２００８年以降については、貸出の増加を伴わない米ドルの資金供給が実施されていたのである。

以上のように、国際決済通貨である米ドルの位置付けをマクロ、ミクロの両面から見ていくと、ニクソン・ショック以降の変動相場制下でも、１９９５年前後、２００８年前後、２０２０年前後という時期を境に少しずつ変質してきているのが確認できる。米ドルは、米政府やＦＲＢの諸政策に対する信認に依存しているだけに、米ドルの変質が多くの人々から評価

*24　商業銀行の有価証券保有残高（対ＧＤＰ比率）も増加している。

されなくなることは避けねばならないだろう。米国を主軸としたブレトンウッズ体制も、突然大きな変化点（ニクソン・ショック）を迎えたのではなく、漸進的に基軸通貨の変質が積み重なり、それが煮詰まった段階で転換していることから、現代の米ドル体制が表面上は強固に見えても、機能面での変質が進んでいる点を注意深く見ていく必要があろう。巨大ヘッジファンド創業者のR・ダリオ（２０２１）が、国際決済通貨として主軸を演じる通貨は、「長い時間をかけて徐々に衰退し、最後には急速なペースで衰退する」[*25]と指摘しているように、通貨の変質が長期間にわたり続く事例が歴史上には事欠かない。岩井（２０００）も「二十一世紀のグローバル市場経済にとっての真の危機とは、いったい何のことだろうか。基軸通貨としての「ドルの危機」が、それである」[*26]としている。それだけに、今後の米ドルの位置付けからは目が離せないだろう。

＊25　詳しくは、Dalio（2021）、p.478（邦訳版、４７４頁）を参照。

＊26　詳しくは、岩井（２０００）、35～36頁を参照。

20 カネをめぐる歴史⑧　国際通貨システム

第20節では、これまでの「カネをめぐる歴史①～⑦」を総括してみたい。まず小麦や牛といった商品貨幣の中では、より便利な決済手段である銀など（金属貨幣）が使用されるケースが増え、秤量貨幣だけではなく、鋳造技術の発展により鋳造貨幣が使用されるようになった。その後、経済成長率の上昇に応じて取引量が増大して決済頻度も高まったため、量的な制約があった鋳造貨幣は、その金属含有量を減少させる貨幣改鋳が度々実施されるようになった。

また16世紀の欧州の場合には、米大陸から大量の銀が流入したため、金属貨幣の量が急増し、この貨幣不足が一時的に解消された。この過程で大量の貨幣が経済社会に外部から供給されれば、希少性の観点からも財やサービスの価格が上昇するという関係が指摘されるようになった。これは、他の条件が変わらない長期では、「貨幣量が価格を決定する」[*27]という貨幣数量説についての議論である。この仮説が正しければ、物価は外部から供給される貨幣の量で決定されることになる。しかし、データの得られる13世紀以降のイングランドを中心とした物価の動向か

＊27　詳しくは、平山（2004）、33頁を参照。

ら確認する限り、一時的な影響はあったものの必ずしもこの長期での関係は成立していなかった。

その後、印刷技術が発展すると、金属を節約する効果がある兌換紙幣も広汎に使用されるようになる。戦乱や混乱期には、戦費調達のために金や銀との兌換義務のない不換紙幣が大量に発行された（アッシニア紙幣やグリーンバックなど）。このケースは、物価上昇と連動したため、極端な不換紙幣が大量に発行されれば、一時的に物価に影響したと言えよう。貨幣の供給量が急増した場合に物価が上昇するという貨幣数量説は、不換紙幣による極端なケースで一時的に発生したケースが多いのである。

◆決済機能の観点からみたカネをめぐる仕組み

繰り返しになるが、カネをめぐる歴史では、商品貨幣・金属貨幣・兌換紙幣・不換紙幣だけではなく、債権債務関係も決済の機能を伴っている点を忘れてはいけない。古代における貸借取引に始まり、現代の銀行などの民間部門における債務（預金）など、経済活動から生まれる決済手段は、現代においては相当大きな規模にまで膨らんでいる。歴史上は、債権債務の決済を集中的に取り扱う金融センターを基盤として、商人（為替取引業者）や銀行家における預金口座を介した国際通貨システム（決済ネットワーク）が、イタリア諸都市群、アントワープ、アムステルダム、ロンドンをハブとして発展した。活発化する交易の国際決済を担った国際通貨システムは、19世紀には英ポンドを主軸とした金本位制、第2次世界大戦後には米ドルを主軸にしたブレトンウッズ体制が、いずれも金とリンクした体制として固定為替制度を形成してきた。

しかしながら、為替レートの安定性よりも、グローバル化が進展する中での自由な資本移動や、国内経済の安定のために実施する金融政策の自律性が優先される中で、現行の変動相場制（管理フロート制）へと国際通貨システムは移行している。国内の銀行システムは、この国際通貨システムや各国・地域の中央銀行が供給するマネタリー・ベースとリンクしながら、経済活動の血流となって資金決済機能を担っているのである。

かつては、外部から供給される貨幣の増加ペースに比べて、経済規模の拡大ペースが速いと、決済手段不足となり、他の決済手段（兌換紙幣・不換紙幣など）が生み出されてきた。さらにこれに加えて、限られた社会内部で通用する決済手段である債権債務関係を基にする振替預金や、多くの国際的な資金決済も含めた国際通貨システム（金融センター）が内部貨幣として発展してきたのである。

このカネをめぐる歴史は、モノをめぐる歴史と交差し合いながら、物価変動の歴史となってきたが、カネをめぐる仕組みが部分的に行き過ぎると、物価に影響してきたとも言える（欧州大陸への銀の大量流入、アッシニア紙幣・グリーンバックの発行、断続的金本位制離脱、ニクソン・ショックなど）。そのため、繰り返すまでもなく、物価の歴史を考える際には、カネをめぐる歴史と結びつける必要があると言えよう。

◆国際金融のトリレンマ

一方、このカネの仕組みは、時代とともに新旧のシステムが順に引き継がれていくという具合いにシンプルに整理できるものではなく、揺り戻しや非連続的に変化していくことに加え、複数のシステムが並列して同時に存在することもある点には注意が必要である。現在のカネの仕組みを考えるだけでなく、将来を見通す際には、多様性というキーワードをベースに捉えていく必要がある。国際関係が流動化している昨今、特に現代の国際通貨システムについては、柔軟に整理していきたい。

現代の国際通貨システムは一様ではなく、米ドルを基軸とした自由フロート制が中心とはいえ、様々な仕組みが併存している。その仕組みの特性に着目して、「国際金融のトリレンマ」[*28]の観点から整理されることが多い。これは、政策当局者は、①安定した為替レート、②完全な国際資本移動（＝開放的な金融市場）、③独立した金融政策を同時に満たせず、２つしか選択できないというトリレンマである。以下では、このトリレンマについて時系列で整理して、国際通貨システムの多様性を確認しておきたい。[*29]

A．19世紀から20世紀初頭にかけての英ポンドを主軸とした金本位制は、固定為替レート制度であったため、①為替レートの安定性が確保され、②資本移動の自由度もあったが、各国の短期金利はロンドン金利を媒介にお互いに連動していたため、③金融政策の独立

＊28　Mundell(1963)の「国際金融の不可解なトリレンマ」の原則。詳しくは、伊藤・河合（２０２３）、77～82頁参照。

＊29　河合（２０２３）、12～15頁での「国際通貨システムの諸類型」に基づき、著者が整理した。

性は放棄せざるを得なかった。

B. 戦間期や金本位制再離脱後の英ポンドや米ドルを主軸とした変動為替レート制度（管理フロート制）は、通貨切下げ競争という代償を払い①為替レートが不安定化し、ブロック化が進む中で②一定程度資本移動が制限されつつも、③金融政策の独立性は維持できていた。ただし自国利益追求という性格が強く、協調に基づく国際システムとは言い難い。

C. 戦後の米ドルを主軸としたブレトンウッズ体制は、固定為替レート制度[*30]であったため、①為替レートの安定性が確保され、③金融政策の独立性もあったが、戦前の国際短期資本移動や投機資金の動きが金融市場を攪乱したという教訓から、資本取引規制や資本勘定に関する為替制限を認めたため、②資本移動の自由度は低かった。

D. ニクソン・ショックを経験した後の現行の為替制度は、米ドルを主軸とした変動為替レート制度（自由フロート制）であるため、①為替レートは不安定に変動するが、②資本移動の自由度と、③金融政策の独立性が確保されている。なお、多くの新興国は為替レートの大幅な変動を抑えるために為替介入を実施して一定程度の①為替レートの安定を確保しようとしているため、②や③が中途半端になる管理フロート制として位置付けられる。

E. 現代にあっても欧州内の国際通貨システムは独自性のあるものとして自由フロート制と併存している。1999年に単一通貨ユーロを導入し、単一の欧州中央銀行（ECB：

＊30　平価の変更を認めたため、アジャスタブル・ペッグ（Adjustable peg）と呼ばれた。

European Central Bank）の下での経済通貨同盟（EMU：Economic and Monetary Union）が設立された。[*31] ①域内での為替レートの安定（米ドルなど域外との為替レートは変動）、②資本移動の自由度は確保されるものの、③金融政策はＥＣＢに集約されるため域内各国の独立性は放棄している（ＥＣＢの金融政策は、域外からは独立している）。

現代にあっては、ＤとＥが併存しているほかにも、一国二制度下の香港ドルや人民元がある。２００５年7月に、人民元は、実質上の米ドルペッグ制から通貨バスケットを参考にする変動管理為替制度に移行しているが、カレンシーボード制を採用する香港は、おおむね米ドルとの固定為替レートを維持している。人民元は、通貨バスケットを参考にするとはいえ、①主要通貨との為替レートは変動している代わりに、一定程度の制約はあるものの、②資本移動の自由度と③金融政策の自立性が確保されている。香港ドルの場合には、①為替レートの安定性が確保され、②資本移動の自由度も確保されているが、米金融政策を意識しなければいけないため、③金融政策についての独立性は放棄せざるを得ない。

図表4-9　対米ドル為替推移

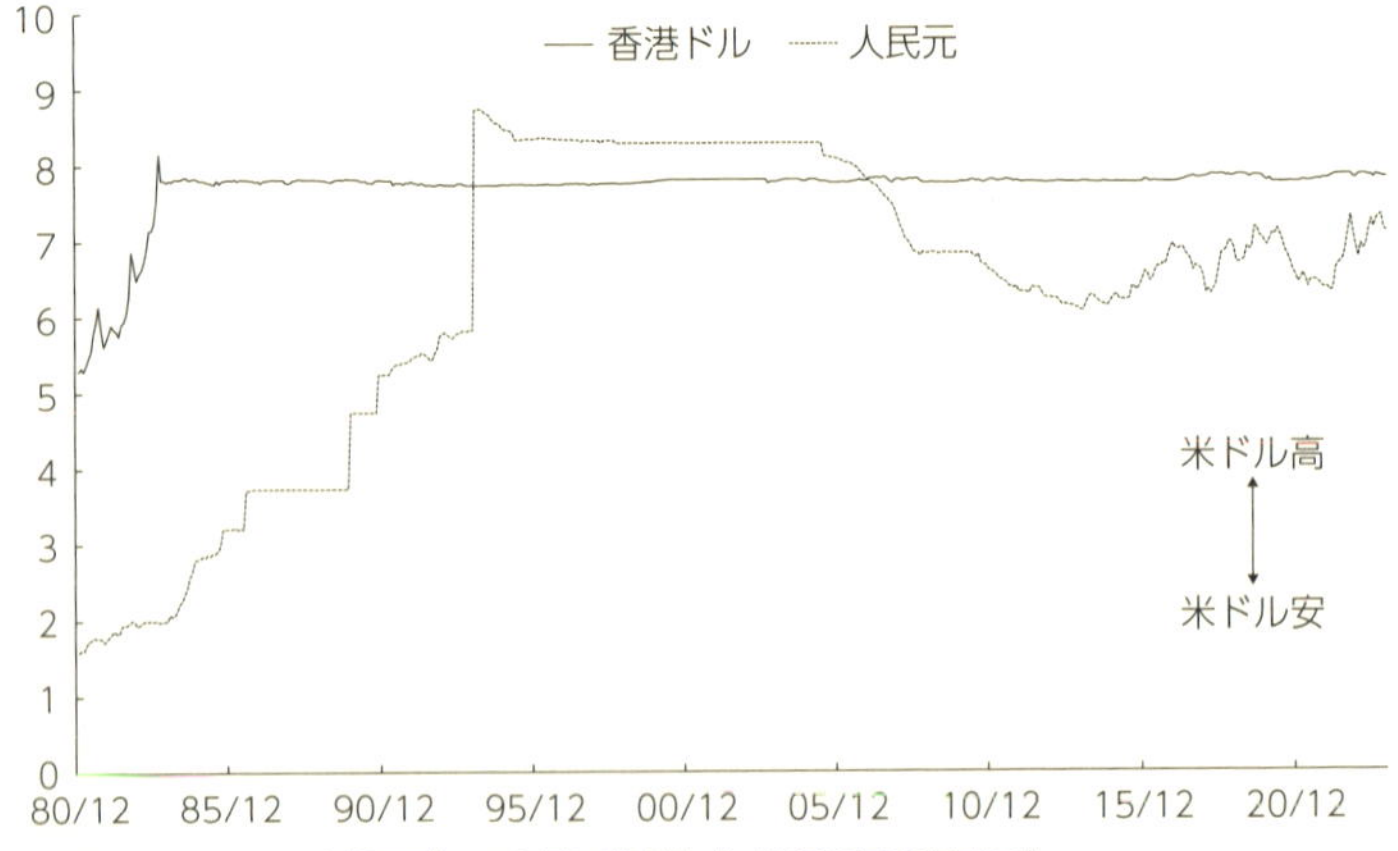

（出所）セントルイス連銀のデータを基に著者作成（2023年12月まで）。

図表4-9は両通貨の推移を示しているが、英国から中華人民共和国へ香港が返還された１９９７年７月は、対米ドル為替で香港ドルよりも人民元が安かったが、10年後の２００７年１月にその関係が逆転した。２０２４年初現在は、対米ドル為替で香港ドルが人民元よりも安いが、今後は、米ドルを主軸とした国際通貨システムを前提にした香港ドルの位置付けを中国政府がどのように考えるかによって、①の安定もしくは③の自立性の選択が問われる可能性があるだろう。

過去40年超の期間でも、人民元は対米ドルで変動→固定→通貨バスケットを参考にした変動という具合に仕組みは転じているため、新たなシステムへの転換可能性は否定できない。上海・深圳証券取引所と香港市場との株式相互取引（ストックコネクト）の対象銘柄を拡大するなど、香港市場との結びつきを強化しつつも、「人民元の国際化は、国際金融のトリレンマの中で自国の金融政策や為替政策の影響に配慮して進めていかざるを得ない」[*32]だけに、漸進的な変化が想定されよう。現代の米ドル主軸の国際通貨システムは当面続くものの、第19節で確認したように、米ドルも段階を追って変質してきており、10年後も現在の国際通貨システムが維持されていると思い込むべきではないだろう。国際通貨システムの変化は、物価変動にも影響するため、慎重に見通しを描いていく必要があると言えよう。

＊31　欧州共同体加盟諸国は域内の為替変動幅をスミソニアン合意（１９７１年12月）の半分に縮小する「スネーク制度」を１９７９年３月まで採用したが、その後ＥＭＵが設立されるまでは欧州通貨制度(EMS：European Monetary System）を採用した。ＥＭＳは、為替レートメカニズム(ERM：Exchange Rate Mechanism）と呼ばれる為替市場介入ルールに基づく、独マルクを主軸とした国際金融システムであった。

＊32　詳しくは関根（２０２３）、２３９頁参照。

21 なぜ30年も物価が安定していたのか？ 情報社会の脱エネルギー循環

米国において1990年代後半以降、原油価格の変動は大きくなっているが、その他の物価との関係はどのように推移したのか。1990年代後から2000年代にかけては、中国のベビーブーマーが中間所得層として台頭してきたため、世界の経済成長を支えるとともに、原油価格などのエネルギー価格の上昇圧力となってはたらいた。中国などの新興国では、欧米が20世紀に経験した産業化が、遅れて21世紀初頭に到来したのである。

米国の原油価格動向について**図表4-10**を確認すると、1990年代後半が年率9.9%、2000年代前半が年率9.2%、そして2000年代後半が13.4%という具合に大幅に上昇している。さらに原油だけではなく、爆食経済と称されるように新興国の経済成長が、小麦・大豆といったコモディティ価格の世界的な上昇の背景にもなった。一般に原油や小麦といったコモディティ価格の変動は、多種多様な財・サービスの価格を集約した消費者物価の変動よりも大きい。2000年代を通して消費者物価指数は、年率2.5%程度の上昇だったが、原油価格は大幅に上昇し、小麦価格も２０００年代を通して６％程度半ばの上昇となったことから、いかにコモディティ価格の上昇が顕著であったのかが理解されよう。このようなコモディティ価格の上昇は、新興国の産業化を背景とした現象であり、従来の経済の主軸であった欧米諸国では、モノを消費する産業社会から、データや情報が付加価値を生む情報社会に転じていたため、消費者物価指数に代表される物価全体の上昇には至らなかったのである。

エネルギー価格上昇圧力は、産業社会から情報社会への構造転換が進む中で沈静化したのである。エネルギーや資源を中心とした産業基盤の構築や製造業主体の構造が転換し、データを基盤とした情報社会へとソフト化してきているだけに、エネルギー需要の増加ペースが緩慢になっている。新興国の影響により一時的なコモディティ価格上昇は発生したとはいえ、１９９０年代以降、30年超にわたり、消費者物価指数の上昇率が落ち着いた「物価の凪」時代の恩恵を得ることが可能になったのである。

そこで、中央銀行は、景況感が悪化したとき（株価が大きく下落したとき）には、物価上昇を気にせず、積極的な金融緩和による経済安定化につとめてきた。物価上昇が激しければ、中央銀行は金融引締めをせざるを得ないため、経済安定化の手段が限られたであろう。情報化の進展による物

図表４−10　原油価格・小麦価格・米消費者物価指数（年率換算）

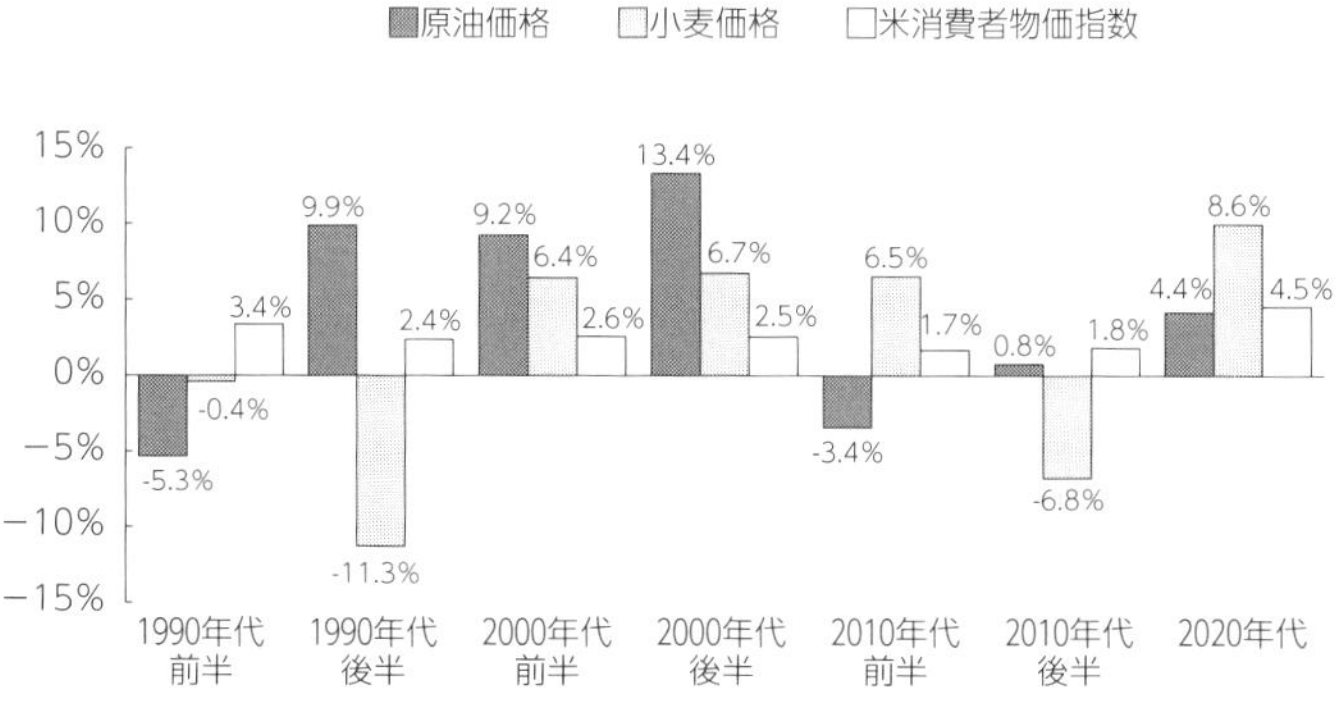

（出所）IMF、OECDのデータを基に著者作成。1990年代前半は1990年２月以降、2020年代は2023年12月まで。

価安定は、断続的な金融緩和による経済の安定成長に貢献してきたのである。物価の安定は、緩和的な金融情勢を許容し、ついに２０１０年代には国債利回りも２％を下回ることが多くなった。17世紀以降の国債利回り下限の常識が破られ、国債利回りの低位安定こそが常識化したのである。経済危機にあっては、金融を緩和すればよいという「一種のゆるみ」が台頭していたと言ってよいだろう。

ところで、２０２０年代は、ロシアのウクライナ侵攻があり、小麦の世界的産地であるウクライナの交易環境が悪化したため、小麦価格が上昇している。欧州へのロシア産の天然ガスの供給もストップしているため、供給が分断されることによる物価上昇が生じているのである。この影響で、２０００年代とは異なり、幅広い財・サービスでのコストプッシュ型の物価上昇が発生しており、それが消費者物価指数の４・５％上昇の背景になっている。２０２０年代の原油価格の変動率の上昇は、特定分野に限られたものではなく、より広範囲にわたって物価の底上げが発生しているため、従来の状況とは様相が変わってきていると言ってもよいだろう。

しかし、この物価上昇は、数十年単位での循環要因として作用するものの、数百年単位での構造変化に抗うことはできないかもしれない。グローバルな潮流としての人々の生活スタイルの成熟化や産業構造の転換は、今後も人口増加率の低下やコモディティ価格の抑制を示唆するものである。そのため、19世紀以降、顕著に確認されるようになったエネルギー価格を主役とした数十年単位の長期物価循環（コンドラチェフサイクル）の周期性は希薄化し、新たなる定常状態を目指す道程を歩んでいる可能性は否定できないであろう。

第5章

日本の物価史

22 カネをめぐる歴史⑨ 無文銀銭から江戸の金遣い・上方の銀遣いまで

イングランドを中心に欧州世界の物価の歴史を見てきたが、以下では、わが国に絞って物価の歴史を見ていきたい。わが国も同様に、物価に関する歴史データに限りがあるため、部分的もしくは局地的な整理にとどまらざるを得ないが、数量経済史の研究での解明が現在進行中であり、その成果に期待したいところである。以下では、限られたデータではあるものの、カネをめぐる歴史と絡めながら、物価や賃金の動向をイメージできるようにしたい。まず本節では、わが国についてのカネをめぐる歴史を簡単に整理していく。政府、日本銀行が中央銀行券を発行するシステムに慣れた現代人にとって、古代から近世にかけての銭（ぜに）の歴史は、カネについての常識の再考を迫るだろう。*1

*1　本書のカネをめぐる歴史では、主に日本銀行貨幣博物館（２０１７）を参考にして記載している。

◆古代—国産銀銭の登場

第1に、メソポタミアなどの古代文明と同様に、日本でも布（絹や麻）・米・塩などといった商品貨幣が使用されていたが、7世紀頃には国産の無文銀銭、銅銭である富本銭が使用され、国家による鋳貨生産が始まったとされている。銀片を貼って重さを約10グラムに整えた無文銀銭は7世紀半ばから8世紀初めに流通し、都づくりやまじない用に発行された富本銭（銅とアンチモンの合金）は7世紀後半に流通したとされている。

708年には有名な和同開珎（銀銭と銅銭）が平城京の造営のために発行され、銅銭である皇朝十二銭[*2]などが10世紀半ばにかけて政府の建設事業のため相次いで発行された。これらは、「政府事業への物資や労働の提供に対して朝廷は銭を渡し、納税や位階の対価として銭を受け取ることで朝廷は債務を弁済する」[*3]という一種の債務証書であったとされる。しかし、材料である銅の産出量が限られ、銅銭の質が悪化したため、人々に使用されるケースが少なくなり、再び米や絹が商品貨幣として使われるようになった。

◆中世—輸入銭の流入と割符の活用

第2に、日本で再び銭が使われるようになるのは、12世紀半ば以降であった。12世紀後半の南宋、13世紀前半の金、13世紀後半の元などの中国王朝時代に、大量に流入した渡来銭のほと

滋賀県大津市・崇福寺跡出土の和同開珎（東京国立博物館所蔵）

*2　708年（和銅元年）から963年（応和3年）にかけて鋳造された和同開珎（古和銅・新和銅）、万年通宝・神功開宝・隆平永宝・富寿神宝・承和昌宝・長年大宝・饒益神宝・貞観永宝、寛平大宝、延喜通宝、乾元大宝。

*3　詳しくは、高木（2016）、15頁参照。

んどは宋銭であったが、年貢納入や商取引の決済などに使用された。14世紀には、商品流通が盛んになり商取引の活発化に伴い、決済用の銭が不足し、中国大陸から大量の銭が輸入されるだけでなく、遠隔地間の決済では、割符[*4]（さいふ）も活用されるようになっている。この割符は、銭不足への対応として銭を節約する側面よりも、荘園制下の銭輸送にかかわる手数を節約する面が大きかった可能性がある。[*5] なお、13世紀中頃に作成された為替文書である替文（かえぶみ）・替状が1回限りの使用にとどまったのに対して、割符は、手形として不特定多数の人々の間を転々と流通した点で異なる。また、朝廷・国司・幕府などの出納機関が、米や銭の支出を命じた支払命令書である切符に対して、割符は民間主体が債権債務関係に基づいて発行した商業手形である点で異なっている。

さらに、銭不足を緩和するために国内外で私的につくられた銭（模鋳銭・私鋳銭）が流通するようになると、品質の悪い銭[*6]（割れた銭、欠けた銭、文字が不鮮明な銭などを指し、鐚（ビタ）と呼ばれた）も増えたため、人々はこれらの銭を減価銭として区別するようになった。このことを撰銭（えりぜに）と呼ぶ。15世紀後半以降、室町幕府などはこのような銭貨全体の流通を阻害するような粗悪な銭の使用を禁止したが、それ以外の銭については、あくまでも銭1枚＝1文として使用させようとした。しかし、１５６０年代に明が倭寇取締りを強化したため、銭の流入が途絶えると、特に銭不足は深刻になり、織田信長はビタと基準銭の交換比率を定めて、ビタの流通を認めたのである。その後、１５７０年頃から品質の悪いビタを多くの人々が使用するようになり、ビタの価値は上昇した。

*4　割符とは、文字などを木片等に書きそれを二つに割って、後日、それを合わせて権利・義務の証拠としたものを指す。

*5　詳しくは、日本銀行金融研究所（１９９７）、56～59頁参照。

*6　基準銭以外を大きく指すカテゴリとして鐚（ビタ）がある。

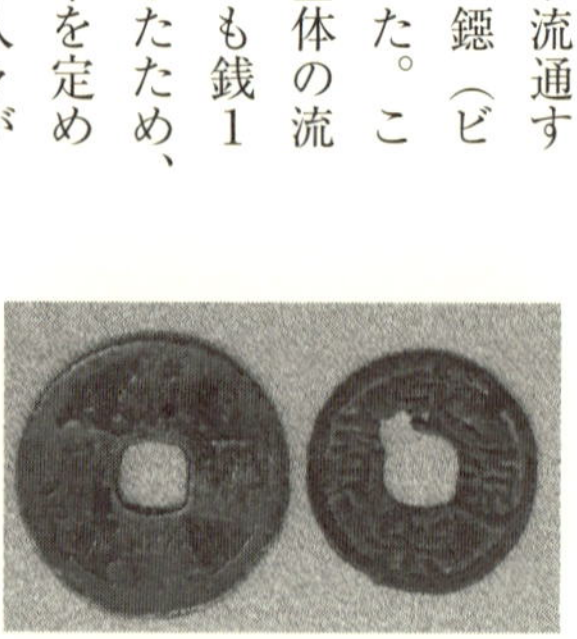

永楽通宝の「鋳写（いうつし）鐚銭」（室町末期）

◆近世―国産銭の再登場

第3に、銭不足は、商業活動の円滑な発展を阻害するようになったため、「金銀貨の登場となり、銭貨は貨幣の首座を金銀貨に譲り、少額の取引に用いられる」[*7]ことになる。16世紀には、金貨・銀貨・銭という3種類の貨幣の交換比率が定められ、おおむね三貨制度の基盤が確立したのである。

当初は、重さを計って通用する秤量貨幣だったが、江戸幕府により本格的な貨幣統一が達成され、約650年ぶりに国家による発行が再開された。精錬技術が発展し、鉱山開発が活発化し、銀山の多い西日本では銀貨が広く使用されるようになる。また領国で発行されていた金貨は、全国通貨として流通されるようになった[*8]。たとえば豊臣秀吉は、天正16（1588）年以降、天正大判（10両＝約165グラム）をつくらせ、山梨県では甲州金がつくられていた。徳川家康は、文禄4（1595）年頃から関東領国でつくっていた金貨・銀貨を幕府に継承させ、慶長一分金、慶長小判、慶長大判、慶長丁銀・豆板銀を発行した。

さらに、1636年には銭として寛永通宝を発行し、1670年には寛永通宝以外の銭の使用を禁止した。領域をアジア圏に広げ日中朝三国を見ると、「一六世紀まで農村では米などの商品貨幣による取引が主流であったと思われる[*9]」が、寛永通宝の大量鋳造により、農村部でも通貨取引が本格化したのである。

以上のように、銭の歴史を概観すると「国産銭の登場と退場、輸入銭の流入、国産銭の再登

*7　詳しくは、瀧澤・西脇編（1999）、12頁参照。

*8　詳しくは、瀧澤・西脇編（1999）、14頁参照。

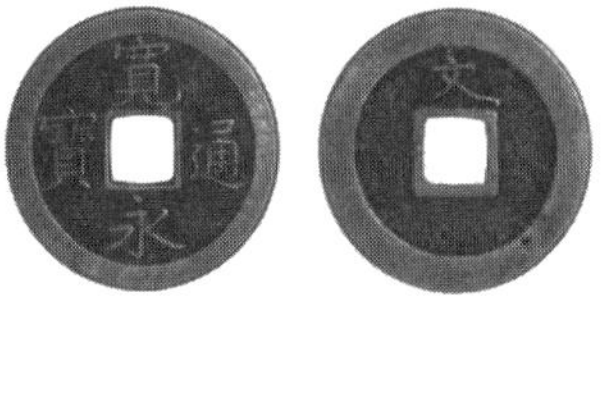

寛永通宝文銭

*9　詳しくは、黒田（2020）文庫版、173頁参照。

場」[*10]という段階をたどったのである。おおむね江戸時代の物流は、江戸を中心とする東日本では金を中心にした「金遣い」、大阪を中心とした西日本などでは銀を中心にした「銀遣い」、少額取引では全国的に「銭遣い」という棲み分けで活発な取引が行われた。[*11]

◆紙幣の発行・両替商の役割

ところで、このような金属貨幣だけではなく、江戸時代には様々な紙幣が発行されていたことが確認されている。商人や寺社による紙幣である私札の発行事例は、信用力の高い発行者が多く存在していたことを裏付けるものである。17世紀初頭には、伊勢神宮の門前町の商人が銀貨との交換を保証する兌換紙幣である山田羽書を発行し、周辺で流通するようになった。割符などの「中世の手形類が貨幣的価値の受け渡しを記した一般文書であったのに対し、交換手段あるいは貨幣としての認証性や通用力を高めることを目的として、様式面での定型化、金額面での定額化」[*12]が図られた点で大きな意義があったとされている。また、当初は禁止されていた諸藩による藩札は、各地域の産業振興のために決済需要を賄うために発行されたものである。藩の財政状態が悪化したために、大量に藩札を発行して受け取りを拒否されるケースもあった。

さらに、欧州で発展した国際金融都市は、商取引の決済を円滑にするために、遠隔地の資金決済を集中的に管理する金融システムを提供したが、日本では両替屋（両替商）が、変動する交換レートに基づく貨幣の両替を行い、顧客から預金を受け入れ、遠隔地間での資金決済のた

＊10　詳しくは、高木（2016）、7頁参照。

＊11　基本的には金貨は四進法（1両＝4分＝16朱＝4・4匁）の計数貨幣、銀貨は十進法（1匁＝10分＝3・75グラム）の秤量貨幣であった（銭は1貫文＝1000文、1疋＝10文）。

＊12　詳しくは、日本銀行金融研究所（1997）、64頁参照。

＊13　詳しくは、日本銀行貨幣博物館（2017）、37頁参照。

めの為替を組んだ。*13 この交換レートは、社会や経済情勢に応じて変動したが、幕府は、貨幣を安定的に流通させるため、公定相場を定めた。その公定相場は、時代とともに、1609年の「金1両=銀50匁=銭4貫文」が、1700年には「金1両=銀60匁=銭4貫文」、1842年には「金1両=銀60匁=銭6貫500文」という具合に変化した。この公定相場と市場変動を勘案し、両替屋は、手数料を取って金貨・銀貨・銭の交換を仲介したのである。

田沼意次（1719〜1788）

23 飢饉の際に危機に陥ったコメ経済?江戸時代末期以降の実質賃金

物価との関係で特に注目されるべきは、賃金である。この2つの関係は、庶民の生活を直接左右してきたからである。この賃金の流れを把握するためには、第22節で概観したカネの歴史と結びつけて考えなければならない。貨幣は様々であり、社会状況により、その形態が変化してきたからである。わが国では、一般に銭(ぜに)が使用された時代と、その使用が禁じられた時代があるため、賃金の支払いも銭のみが使用されたとは限らない。欧州大陸で小麦や家畜などが商品貨幣として使われたのと同じように、わが国でも米や絹などが商品貨幣として使用される時期があった。

◈古代・中世の賃金

古代の賃金も、米などの商品による支払いや、銭に加えて食事が振舞われるなど、賃金も多様であった。限られたデータではあるものの、建築労働者の賃金については奈良時代は、「畿内における銭貨による支払いとは対照的に、それ以外の地域では支払われる賃金も現物であった可能性」[*14]が指摘されている。その後、「物価は中世を通じて常に変動していたが、賃金がそれに連動した動きは見られない」[*15]ため、主に米価などが低下すると実質賃金が上昇する関係が示されている。米価で調整した実質賃金である米賃金の推計によると、興味深いことに、賄いを含む熟練労働者の米賃金は、14世紀後半および15世紀後半に上昇し、15世紀半ばから16世紀半ばにかけて、変動幅が大きくなっているとの指摘がある。[*16]

いずれにしても古代・中世の貨幣についての多様性が存在するため、実質賃金の推移についても明確な関係を明らかにするには、さらなる研究の深化が待たれよう。

◆近世（江戸時代）の賃金事情

16世紀以降については、金貨・銀貨・銭という3種類の貨幣の交換比率が定められ、おおむね三貨制度の基盤が確立されたため、一定程度は実質賃金の動向を確認できるかもしれない。ここで、「三貨制度という呼称は、近世期貨幣制度の多様性、ダイナミズムを表現するのに不適切であるとの観点から、その相対化が進められているが、その一方で、幕府指定の三貨の流通を阻害すること（偽造・密造など）を法的に厳しく取り締まり、三貨の基軸通貨としての優位性を確保したことも事実である」[*17]。つまり、三貨制度は、きっちりとした制度が幕府の統制

＊14　詳しくは、高島（2023）、42頁を参照。

＊15　詳しくは、高島（2023）、140頁を参照。

＊16　高島（2023）、132～136頁、特に133頁、図19参照。

＊17　高槻・牧原・柴本（2017）、106頁。

の下に整備されたのではなく、貨幣流通の実態に適応する形で仕組みが発展していったと理解すべきであろう。

しかし、江戸時代であっても、武士たちは米（禄米）を受け取り、それを札差（特殊金融業者）で換金していたため、米払い賃金が強く残っていた。この場合は、賃金が米価に連動していたため、実質賃金は、米価とその他の物品価格を比べた相対価格により左右されることになる。米価が大幅に上昇すれば、そのままスライドして実質賃金が上昇し、逆の場合には実質賃金が下落したと考えうる。

一方、銭払いによる賃金の場合は、米価が大幅に上昇すれば、実質賃金が下落し、逆の場合には実質賃金が上昇した。このように現代のように多くの人々が、貨幣により賃金や給与が支払われる経済での実質賃金とは、だいぶ様相が異なっていたのである。それでは、米価はどのように推移していたのであろうか？　現代のように物価の指標として消費者物価指数が算出されていない江戸時代については、庶民の生活費でも相当の比率を占めたであろう米の価格が気になる。

そこで、第1に幕藩体制が揺らいだ江戸時代末期の米価と主要物資の価格を**図表5-1**で確認してみたい。これは、1802年12月27日を1・0とした場合の肥後米、日向炭、河内木綿の価格を指数化して、明治維新までの推移を示したものである。米価は、1833年の東北地方での大洪水や関東の大風雨により飢饉が発生し、1835年から1836年の悪天候により急騰している。1837年7月には瞬間的に1802年末対比で3・8倍まで上昇した。1820

天保の飢饉を描いた渡辺崋山画『荒歳流民救恤図』（1838年）

年代までは米価は横ばいだったため、1830年代は社会も相当混乱したことが予想される。いわゆる「天保の飢饉」である。

数年にわたる米の不作は、食糧危機から社会混乱を巻き起こした。暴動なども数多く発生し、政府も対応に追われたようだ。江戸時代は、このほかに寛永（1642～1643年）、享保（1732年）、天明（1782～1787年）など、冷夏や大雨による飢饉は、数十年おきに発生し、米価の上昇をもたらしている。興味深いことに、原因が悪天候であっただけに、良質な木炭として有名な日向炭や、庶民の被服の代表的な材料である河内木綿の価格は落ち着いており、肥後米の価格と大きく乖離した。この時期の実質賃金は、米払いの場合は上昇し、銭払いの場合には下落したと考えられる。

一方、幕末の物価上昇は、米でなく多くの物品の価格が上昇する時期であった。1859年の横浜開港により諸外国が交易により国内物品を大量に購入するとの思惑が台頭するとともに、金銀比価に着目した洋銀（ドル貨）が大量に流入したためと考えられる。1866年に、河内木綿は10・2、日向炭は9・4、そして肥後米は21・3まで急騰した。米価は実に天保の飢饉の6倍近くまで上昇したため、暴動を通り越して倒幕にまで振り切るほどに社会が混乱したのが肯けよう。

図表5-1　江戸時代末期の物価推移・年末値

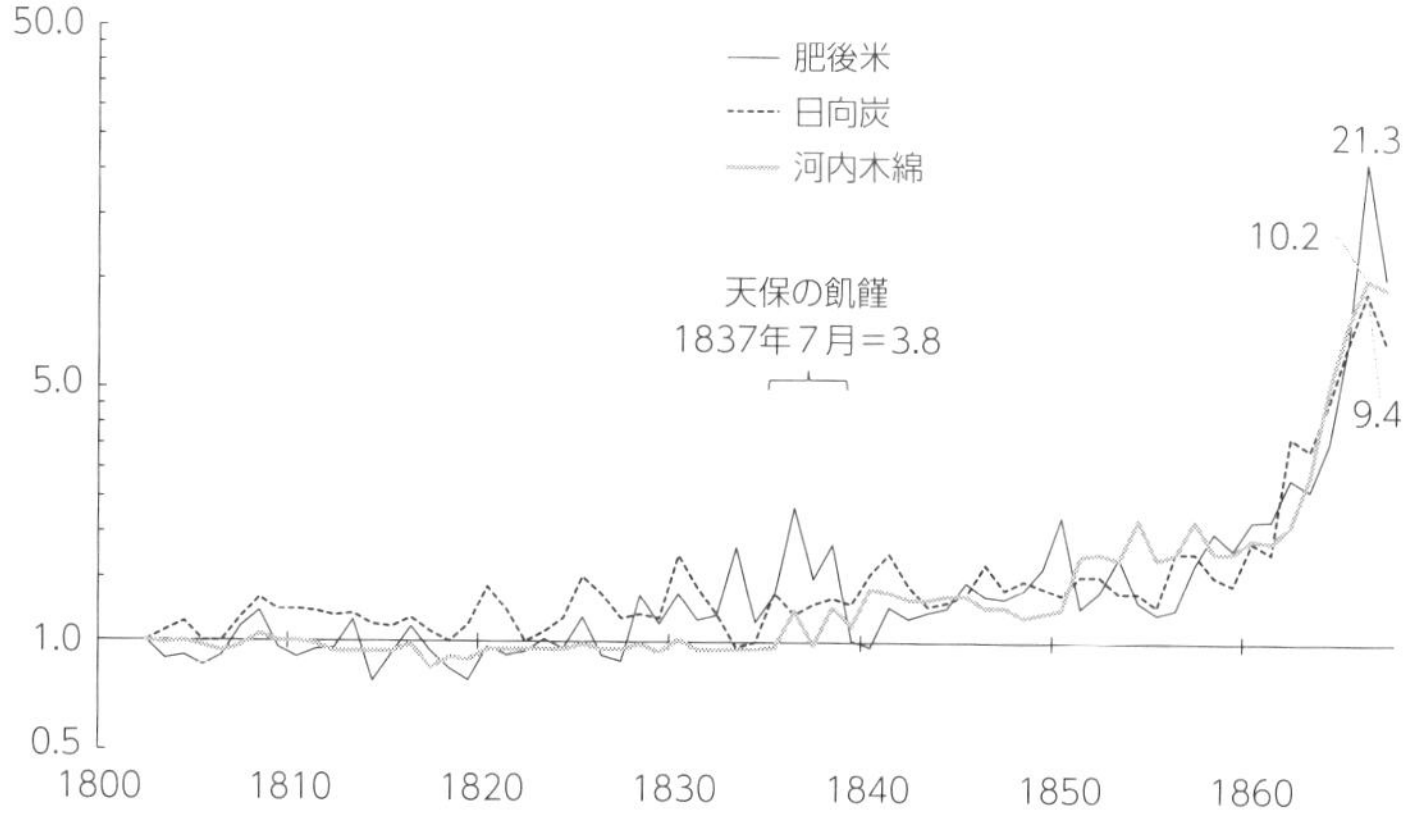

（出所）三井文庫編（1952）『近世後期における主要物価の動態』を基に著者作成（1802年12月27日＝1.0、1802～1867年）。

この時期は、特に銭払い賃金は、物価急上昇に全くついていけなかったはず。幕末の数年間は、実質賃金が急落したのである。

◆近代（明治・大正期）の賃金事情

次に、明治期以降の物価動向を確認しておこう。戦前期の物価指標は、卸売物価指数や小売物価指数が算出されたため、それを基に確認できるが、『日本銀行百年史』では、出所の異なるいくつかの指数を連結させた消費者物価指数を記している。この節では、**図表0-2**と同じように、これを活用して、米価指数とともに**図表5-2**に示すことにする。興味深いことに、大きな方向性は両者ともに連動しており、特に太平洋戦争を挟んでの物価上昇が急激であったことが確認されよう。

米価の混乱は社会全体に波及するため、江戸時代だけでなく明治期以降も、政府は、価格や供給の安定化に努めて、米価の急変動を回避してきた。しかし、この姿勢も1995年には食糧管理法が廃止され、統制から管理へと緩和されている。そのため、人々の食生活の変化などから、じわりじわりと消費者物価指数を継続的に下回

図表5-2 米価指数と消費者物価指数

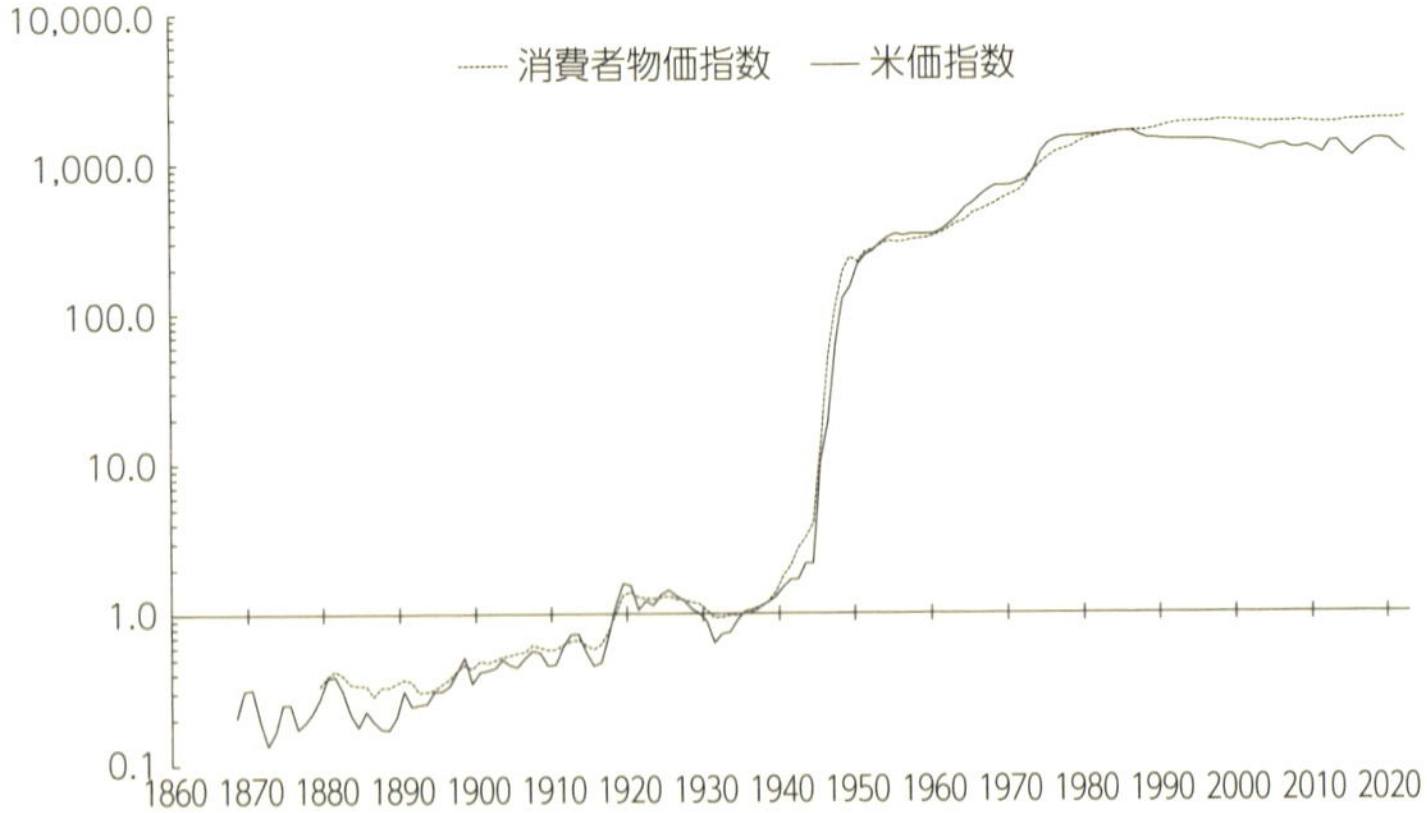

（出所）日本銀行百年史編纂委員会（1986）『日本銀行百年史　資料編』、総務省のデータを基に著者作成。

るようになっている。このような事情からも、いまや実質賃金を考える際に米価を意識する必要はないと言えそうである。そこで明治期以降については、ほとんどが銭払い賃金になっていることや、米価の位置付けが変化していることから、消費者物価指数を基準に実質賃金を確認してみよう。

また、賃金を一気通貫で確認できるデータ取得が難しいため、主に明治・大正期は、大工の１日当たり賃金（１９２３年＝１・０として指数化）、大正末期から戦前・戦時期は、工場の１人１日平均賃金諸手当賞与額（１９２３年＝１・０として指数化）、そして１９４７年以降は常用労働者１人平均月間給与総額（１９４７年＝１・０として指数化）の３つに区分して、消費者物価指数対比で実質賃金指数を**図表5-3**に示した。

明治期から大正期にかけての大工実質賃金は、おおむね上昇基調で推移している。しかし、１８８７年０・３が、１・０程度まで３倍超になっているものの、１９２３年の関東大震災以降、横ばいになり、１９３０年代前半には低

図表5-3　実質賃金給与（対消費者物価指数）

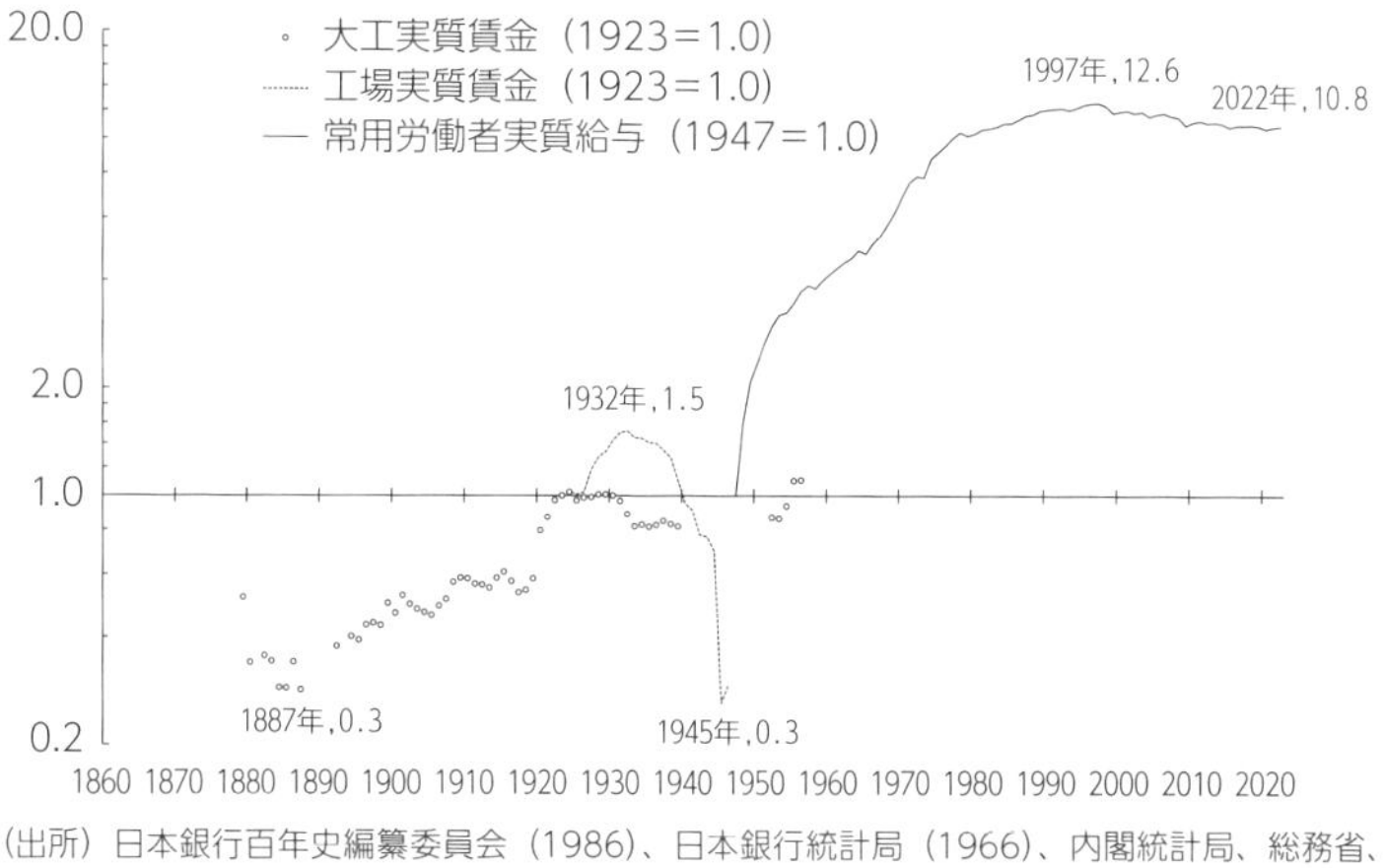

（出所）日本銀行百年史編纂委員会（1986）、日本銀行統計局（1966）、内閣統計局、総務省、厚生労働省のデータを基に著者作成。

常用労働者実質給与については、厚生労働省『毎月勤労統計調査』における「常用労働者１人平均月間現金給与額 1947年～2022年 年平均」（事業所規模30人以上・サービス業を含む、1969年以前はサービス業を含まない）のデータを基に算出（独立行政法人　労働政策研究・研修機構（2023）『早わかり　グラフでみる長期労働統計』）。

下に転じている。工場実質賃金は、１９２３年から１９３２年にかけて1・5倍になったものの、その後は低下基調で推移して、１９４５年には5分の1まで急落したのが確認されよう。戦時体制に至る過程で、実質賃金は大幅に低下し、庶民の生活も犠牲になったと考えられる。

◆現代の賃金事情

終戦後は、１９４６年から１９４７年にかけてデータの断層があるため、その点を割り引かなければいけないが、戦後一貫して実質賃金は上昇基調で推移し、１９４７年から１９９７年にかけての半世紀で12・6倍になっている。実に年平均5％を上回るペースで実質賃金は上昇したことになる。労働者の平均勤続年数が長期化したため、年功序列の賃金制度も影響したと考えられよう。一般労働者（男女計）の平均勤続年数は、１９７６年の8・2年が１９９７年には11・8年まで上昇し、その後12年を挟んで横ばいで推移している。*18

なお、近年では平均勤続年数は横ばいに転じているため、その影響は剥落している。その影響に加え、企業の雇用姿勢の変化も手伝い、実質賃金は低下基調で推移したのである。

ただし、戦前・戦時期と比較するならば、四半世紀もの長きにわたり、実質賃金が低下しているのは異常と言えるかもしれない。時代が大きく転換した江戸時代末期の京阪大工や江戸建築職人の実質賃金の低下期間に匹敵するからである。実質賃金指数をみると、京都日雇が１８４３年から１８６５年までの22年間、京阪大工が１８４３年から１８６４年までの21年間、

*18　厚生労働省『賃金構造基本統計調査』における「平均勤続年数　１９７６～２０２２年」（独立行政法人　労働政策研究・研修機構（２０２３）『早わかり　グラフでみる長期労働統計』）

江戸建築職人が１８５７年から１８６７年までの10年間という長期間にわたり下落基調で推移している。[*19] 一方、下落率はそれぞれ年率換算▲７・９％、▲４・２％、▲９・０％であったため、現代とは比較にならないほどインフレーションの影響で下落していた点で大きく異なる。

わが国は、１９９４年にピークアウトした生産年齢人口の減少を、高齢者等の就業で補ってきたものの、65歳以上人口も２０２１年から２０２７年にかけて減少するのが推定される。今後は、労働力人口も長期的な減少が予想されることから、実質賃金も数年単位ではなく、十年単位で上昇に転じる時期に差し掛かっているかもしれない。

＊19　深尾・斎藤・高島・今村（２０１７）２９５～２９７頁。

24 カネをめぐる歴史⑩　江戸時代の貨幣改鋳

イングランドや欧州でしばしば貨幣改鋳が実施されたのと同じように、わが国でも貨幣改鋳が実施されている。奈良時代の皇朝十二銭は、朝廷の定めた銭価が暴落するたびに、財政事情の窮乏や銅の枯渇などを理由に材質を悪化させ、旧銭の10倍の価値と定め新銭を鋳造したため一種の貨幣改鋳とみなしてよいだろう。このような貨幣価値の政治的な変更は、国家による鋳造が活発な時代に生じているため、幕府による統一的な貨幣制度が確立された江戸時代にも頻発している。貨幣価値の変更は、短期的には表裏の関係にある物価の変動に影響する可能性があるため、整理しておく必要があると言えよう。

江戸時代には、新井白石による正徳・享保の改鋳を1回とカウントすれば、計8回の改鋳が実施された（**図表5-4**参照）。新井白石による正徳・享保の改鋳では小判などの金含有量が引き上げられたものの、その他の改鋳では、いずれも含有量が減らされている。1601年に発行された慶長小判の重さが17・8グラム（品位84・3％）であり、1860年に内外の金銀比価

新井白石（1657～1725）

を是正するために改鋳された万延小判の重さが3・3グラム（品位56・8%）であったため、江戸時代を通して見ると1両の重さは5分の1以下になり、金の含有量は実に8分の1まで減じられたのである（図表5-4参照）。

◆貨幣改鋳の目的

この貨幣改鋳の目的は、流通しているカネの量や物価の調整（諸般のマクロ経済的問題への対応）に加え、傷んだ貨幣の回収にとどまらず、幕府は、金属含有量を減らして貨幣鋳造益（出目）を得て、財政赤字を補填することも期待した。武士は前記したように禄米を給与として受け取り、金貨に交換した上で銭に両替して商品を買うため、銀を基準にすると「米高・金貨高・銭安」がプラスにはたらく。金遣い圏である江戸の問屋商人は、上方から銀貨建て商品を仕入れ、江戸で銭を対価に売るので、「金貨高・銀貨安・銭安」を好むものの、「庶民は所得を銭で得るので、金貨高・銭安を嫌う」。さらに、銭高が行き過ぎてデフレーションが発生すると、失業が増え、借金の実質価値も高まるため、かえって庶民の生活が窮乏する、と

図表5-4　江戸時代の貨幣改鋳（金貨）

時期	改鋳	小判	品位	重さ	金含有量(1601年比)	変化率
1601年	—	慶長小判	84.3%	17.8g	15.0g(100.0)	—
1695年	元禄の改鋳	元禄小判	57.4%	17.8g	10.2g(68.1)	−31.9%
1710年	宝永の改鋳	宝永小判	84.3%	9.4g	7.9g(52.8)	−22.4%
1714年	正徳・享保の改鋳	正徳小判	84.3%	17.8g	15.0g(100.0)	89.4%
1715年		享保小判	86.8%	17.8g	15.5g(103.0)	3.0%
1736年	元文の改鋳	元文小判	67.0%	13.1g	8.8g(58.5)	−43.2%
1819年	文政の改鋳	文政小判	56.4%	13.1g	7.4g(49.2)	−15.8%
1836年	天保の改鋳	天保小判	56.8%	11.3g	6.4g(42.8)	−13.1%
1859年	安政の改鋳	安政小判	56.8%	9.0g	5.1g(34.1)	−20.4%
1860年	万延の改鋳	万延小判	56.8%	3.3g	1.9g(12.5)	−63.3%

（出所）瀧澤・西脇編（1999）の法定量目・法定金位データを基に著者作成。金含有量の1601年比は、慶長小判100.0に対する金の含有量比率。

いう指摘もある。[20]

そのため、武士の利益を代表している江戸幕府は、米価安を避け、金貨が銀貨よりも下落しないように配慮し、銭不足による銭高が生じないように努めたのである。この点を意識しつつ時系列で8回にわたる改鋳の内容を確認すると、その意図が明確になるだろう。

◆元禄の改鋳／宝永の改鋳

第1に、元禄の改鋳（1695年）は、対外貿易により減少した金貨・銀貨の発行を増やすことや、貨幣鋳造益により財政赤字を補填するために実施された。前者の影響は、金貨の品位低下率が銀貨よりも高かったため、人々は改鋳前の慶長金貨を退蔵したため、決済用に銀貨がより使われ、銀不足が発生した。そこで江戸幕府は、金貨安・銀貨高を回避するために、1706年以降1711年まで4回にわたり丁銀・豆板銀（銀貨）の品位を引き下げた。1706年に50％に引き下げられ、1710年には40％、32％と2回引き下げられた上で、1711年には20％まで引き下げられている。しかし、「銀遣いの上方で経済が成長して商品取引量が増えており、銀貨供給量の増加を相殺したため[21]」、銀貨高は収まらなかった。[22]

後者の貨幣鋳造益については、幕府が品位を落としてより多くの金貨や銀貨を発行した分だけ得られる利益を意味する。新元禄金貨1両の発行に必要な金は、旧慶長金貨の約32％減で済んだわけであるから、旧慶長金貨を回収して新元禄金貨に改鋳すれば、より多くの金貨を発行

＊20　詳しくは、高木（2016）121～122頁参照。

＊21　詳しくは、高木（2016）、121頁参照。

＊22　大塚（1999）83頁では、「当時の経済には相当のデフレ・ギャップがあったと考えられることから、貨幣改鋳は物価をさほど上昇させることなく、実質所得を上昇させる効果をもっていた」と総括している。

でき、その分が利益になる。しかし、この回収を円滑に進めるために、幕府は「改鋳によって品位が変更され、その実質価値が異なった場合には、「増歩」と呼ばれるプレミアムを付加して旧貨幣と交換」[*23]している。貨幣鋳造益を丸々得るのではなく、一定程度キックバックしていたと考えてよいだろう。

この「増歩は、当初慶長小判100両に対して元禄小判101両すなわち1％のプレミアムで引き替えられた」[*24]が、その後にこのプレミアムが引き上げられていることから円滑な引替えが進まなかったことが想像される。その後1710年の宝永の改鋳では2・5％のプレミアムで引き替えられたが、大量の発行により1710年代前半は大幅な米価の上昇が発生している。

なお、銀貨の4回にわたる品位引下げの過程では、宝永の改鋳（1710年）が実施されており、宝永小判の品位は慶長小判の水準まで戻されたものの、重さは半分近くまで減じられた。増歩は、元禄小判100両に対して宝永小判102両2分（2・5％のプレミアム）で、残存していた慶長小判100両に対しては宝永小判120両（20％のプレミアム）で引き替えられている。宝永小判の金含有量は、慶長小判（1601年比）からの引き替えの場合には、半分程度にまで引き下げられたため、20％のプレミアムが付与されても、貨幣鋳造益も大きかった。

◆正徳・享保の改鋳／元文の改鋳

第2に、**正徳・享保の改鋳**（1714～1715年）では、宝永の改鋳後の米価上昇により

＊23　詳しくは、大塚（1999）、73頁参照。
＊24　詳しくは、大塚（1999）、83頁参照。

インフレーションが加速したため、正徳小判・享保小判の金含有量を慶長小判の水準まで引き上げた。この改鋳は、品位を高める良貨政策である点で、他の7回の改鋳とは異なる点は注意が必要である。[*25] 改鋳を主導した新井白石は、悪貨を回収して品位の良質化を図りつつ、全体としての貨幣流通量を減らして、物価を下落させようとしたと考えられる。

典型的な貨幣数量説に基づく政策であったものの、貨幣流通量は一定程度圧縮されたものの、改鋳後も米価は銀100匁を下回らず高止まりしていた。米価の下落は、その後の8代将軍吉宗による倹約（緊縮財政政策）等が本格化するまで待たねばならなかったのである。その後1720年代初頭になってから米価は50匁を下回るようになった。[*26] 1732年には享保の飢饉により一時的に米価が回復する局面があったものの、米価は低迷し続けたため、禄米の価値が低下する武士と米を生産する農民の生活は苦境に陥った。

そこで幕府は、再び金貨・銀貨の品位を引き下げる元文の改鋳（1736年）を実施した。貨幣不足に対応し、米価の水準を引き上げるためであり、実際にその後の米価は50匁を下回るケースはほとんどなくなった。注目すべき点は、金貨については65%、銀貨については50%という大幅な増歩をつけて引替えを実施したため、貨幣鋳造益の獲得を幕府は意図しておらず、物価引上げのためのマクロ経済政策として実施されたとみなせる。禄米安に悩む武士の困窮を救う側面が大きかったと言えよう。

18世紀後半は、人口が減少する中で、田沼意次の積極財政と松平定信の緊縮財政が続くが、1780年代の天明の飢饉の際に物価上昇がみられたものの、19世紀初頭にかけて米価は安定

＊25　元禄金貨や宝永金貨100両は、正徳金貨51両1分で引き替えられた。

＊26　深尾・斎藤・高島・今村（2017）286～292頁の米価（大阪）、米価（広島）によれば、1713～1718年までは1石当たり銀100匁を上回っていたものの、1722年以降はおおむね50匁を下回って推移している。

的に推移した。1721年から1804年にかけての人口は、3千百30万人から3千70万人に減少していると推計されている。年率▲0・02％のわずかな減少とは言え、1450年から1600年にかけて同＋0・35％、1600年から1721年にかけて同＋0・51％であったことからすれば、相次ぐ飢饉による人口減少などの影響から米価の上昇も抑制されたと推察されよう。[*27] この間は長期にわたり、貨幣改鋳も実施されなかった。

◆文政の改鋳／天保の改鋳

第3に、文政の改鋳（1819年）は、緊縮財政から積極財政への転機となり、「通貨供給による幕府の財政収入（発行益）増加→財政支出増加→通貨供給量増加→物価上昇→商品（農産加工品）生産増加→国民1人当たり所得増加」[*28]という好循環が発生したとされる。新たに発行された二分金や一朱金は、小判や一分金と比べて著しく金含有量が引き下げられたため、「実質価値に拠らず額面で通用する貨幣とみなすことが可能で、これが後の金貨自体の額面貨幣化に繋がる」[*29]ものとされる。品位を引き下げる貨幣改鋳の際には増歩などが実施されてきたにもかかわらず、文政の改鋳では、すべてが貨幣鋳造益として幕府の財政収入となった。

また、1835年には、額面100文の天保通宝が、額面を現物に表示する銭として登場し、銭不足解消と貨幣鋳造益獲得のために発行された。さらに天保の改鋳（1836年）が実施されたが、文政の改鋳と同様に、新旧の金貨・銀貨は等価で交換されている。これら一連の改鋳

＊27　詳しくは、高島（2017）、268頁参照。

＊28　詳しくは、高木（2016）、152頁参照。

＊29　詳しくは、大塚（1999）、88頁参照。

は、品位引下げによる貨幣鋳造益獲得を主眼とした幕府の政策であり、秤量貨幣としての特性が大きく後退し、計数貨幣としての性格が強調されたと言ってよい。

図表5-5は、金・銭・米相場（銀建て）の推移である。18世紀末から19世紀半ばまで上下動しているものの、おおむね金や銭の価値は、銀対比で落ち着いて推移していたのが確認できる。一方、米価については変動幅が大きく、**図表5-1**でも確認したように、1830年代半ばに天保の飢饉が発生して米価が上昇してからは、幕末にかけて米価水準の切上げの起点となっている。この過程では、改鋳による物価上昇が庶民の生活を圧迫したため、打ちこわし（暴動）が多発するようになっている。そこで幕府は、1842年に天保通宝の製造を停止して銭の供給量を絞った。世の中の動揺を沈静化するために、都市生活者が得る銭の価値を上昇させる銭高政策を実施したのである。**図表5-5**で確認できるように、1842年に11・54匁まで上昇し、その後は10匁を維持することが多くなっている（①）。従来、武士や商人の利益を主軸に据えた幕府の通貨政策も、庶民への配慮にも注力するようになったと言えよう。

図表5-5　金・銭・米相場（銀建て・匁）

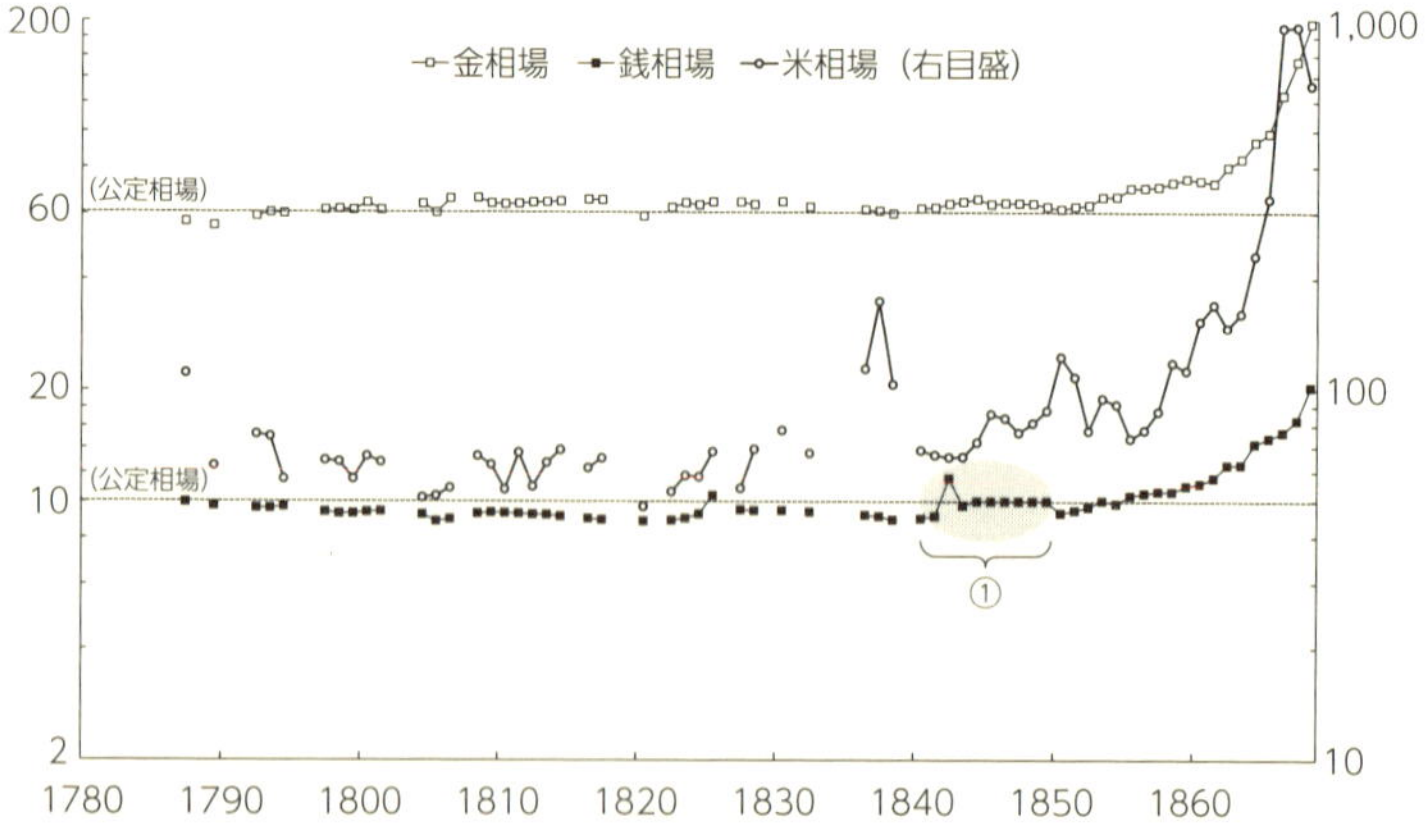

（出所）三井（1933）における「大阪の金銭相場並米相場毎年最高最低平均表」のデータを基に著者作成。

◆安政の改鋳／万延の改鋳

第4に、安政の改鋳（1859年）と万延の改鋳（1860年）は、1858年の日米修好通商条約に基づく開港に伴う内外の金銀比価の乖離を是正するために実施されたものである。日米修好通商条約では、外国通貨は日本通貨と同種同量原則で通用し、開港後の1年間は日本政府が外国通貨を日本通貨に交換する義務を負うことになっていたため、内外の金銀比価の差に応じて、外国商人は、金銀交易による裁定取引により濡れ手で粟をつかむように利益を獲得できたのである。

これらの改鋳は、従来の幕府財政に貢献するものでも、マクロ経済対策でもなく、国内で成立していた金と銀との等価交換比率である金銀比価5対1を、海外の金銀比価15対1に適応させるためのものであった。国内では海外対比で3倍ほどの銀高・金安であったため、金貨の含有量を3分の1にしなければ、大量の金貨が海外に流出してしまう。そこで、早急な対応が求められたのである。

その外国商人が意図した金貨流出の仕組みを簡単にイメージするならば、**図表5-6**のようになる。外国商人は、洋銀1枚を日本に持ち込み、銀含有量（約27グラム）が等しくなるように天保一分銀3枚と交換する。これは、日米修好通商条約において、幕府が抵抗していたものの、駐日総領事ハリスに押し切られた取決めである。

国内では、金と銀の交換比率は1対5であったため、天保一分銀3枚分の銀含有量約27グラムは、天保一分金3枚分の金含有量約5・4グラムと等価交換でき、外国商人は、天保一分金に交換して海外に持ち出す。海外の金銀の交換比率は1対15であるため、天保一分金3枚の金含有量約5・4グラムは、銀81グラムに相当し、洋銀3枚に交換できる。このようにして外国商人は、金の持出しにより輸送費等のコストを別にすれば、洋銀1枚を3倍にして2枚分の追加利益を得ることができたのである。

実際には、外国との交渉過程は、紆余曲折があったものの、幕府も、できるだけ金が急に流出して国内が混乱しないように努力を続けた。天保小判1枚当たりの金含有量6・4グラム（天保一分金1・6グラム）であったため、安政小判では5・1グラム（安政一分金1・3グラム）、万延小判では1・9グラム（万延一分金0・5グラム）ま

図表5-6　幕末期の金貨流出のイメージ図

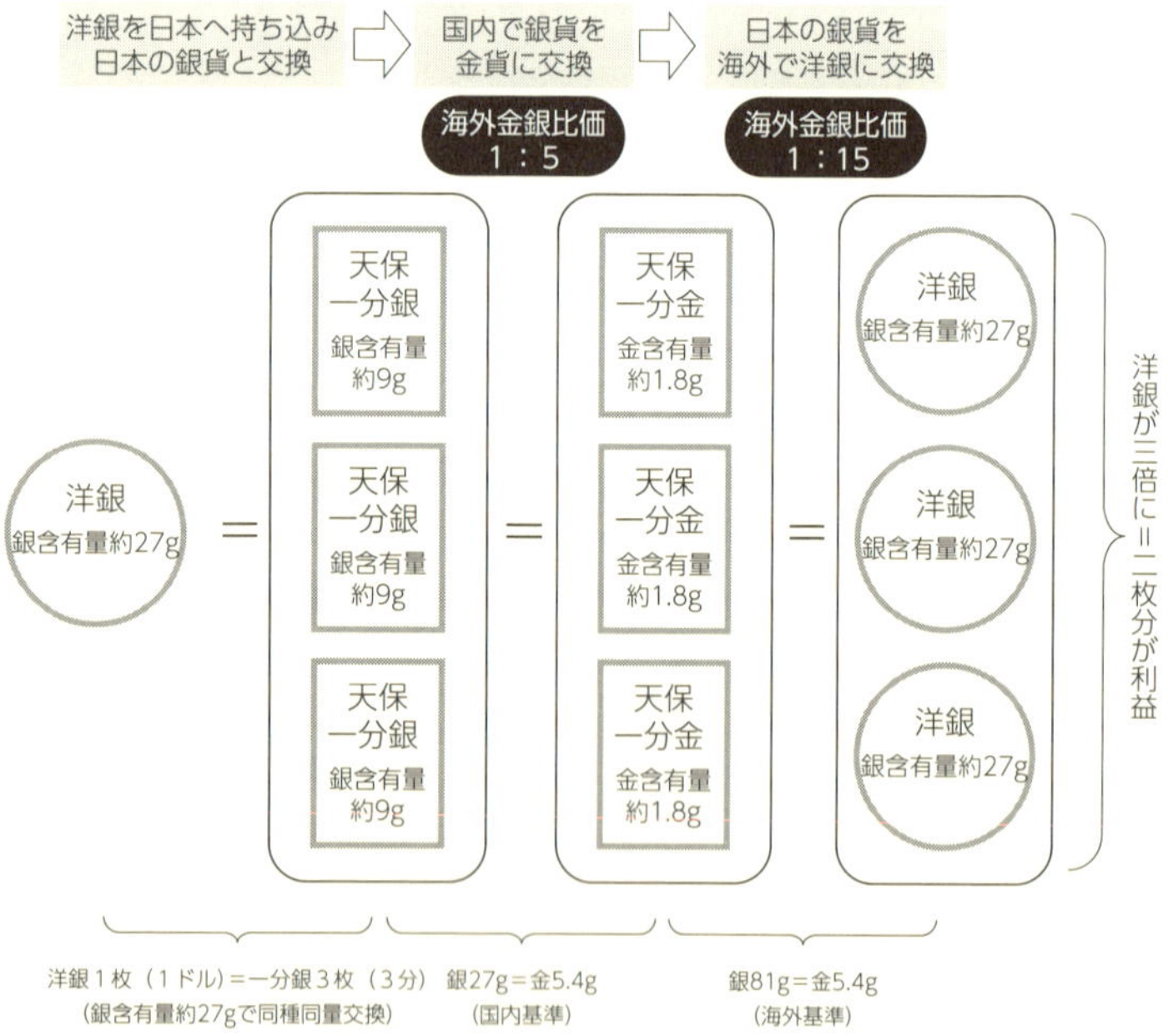

（出所）日本銀行や貨幣博物館（2017）、高木久史（2016）を参考に著者作成。
（注）銀含有量や金銀比価等は、イメージするための概略値であり、実際とは異なる（天保一分金の金含有量は、1.8gでなく実際は1.6gなど）。

で引き下げた。幕府は、万延金貨の金含有率を、おおむね天保金貨の３分の１に圧縮させることで、国内の金銀比価を海外と同レベルに揃え、外国商人による金貨持ち出しの機会を消失させたのである。

その見返りに、貨幣の流通量の増加懸念が台頭するとともに、交易の活発化による国内商品需要が増加するとの期待が高まり商品の買い漁り（投機）が加速し、１８５０年代末から過激なインフレーションが発生した。交易の見返りに国内に大量に流入するとの観測が高まった銀貨は下落し、**図表5-5**に示したように、金・米だけでなく銭も急騰するのであった。

以上のようにわが国の江戸時代の貨幣改鋳は、飢饉と同様に物価上昇要因になるケースがあったものの、必ずしも貨幣の流通量の増加が社会全体の物価上昇に連動していたわけではなかった。特に三貨制に加え米価が、武士、商人、農民、都市生活者（庶民）に与える物価変動による負担感はまちまちであったのである。一方、１８６０年代の物価急上昇は、幕府の対応が混乱し、内外市場間の歪みが短期間に修正されたため、大きな衝撃がもたらされたことを物語っている。金融政策の混乱が社会全体の不安につながった事例として記憶すべきであろう。しかし、多くの人々の生活を破壊した物価急上昇は、第25節および第26節に記すように80年後に再び繰り返されるのであった。

25 戦時インフレで苦しんだのは誰か？ 繰り返された物価急上昇

明治維新以降のわが国の物価データは、インフレ率を一気通貫で確認する指標がないため、いくつかの指標を組み合わせて大まかな動向を探る必要がある。われわれがインフレ率データとして日頃確認している消費者物価もしくは小売物価の算出が、１９２０年代以降に限られるため、戦前期のほとんどの期間が確認できないからである。入手可能な明治期を対象とした物価データは、主に卸売物価に限られる。もちろん、生活者が実感する消費者物価は、企業間の卸売物価よりも変動が緩やかになるため、両者を直接連結して比較するべきではない。また、戦前期の東京小売物価指数であっても、計算手法が、戦後の消費者物価指数と異なるため、単純な比較が難しいという難点もある。日本銀行は**図表5-2**で示したように、『日本銀行百年史』において通期での消費者物価指数を表記しているが本節では、当時の多くの人々が参照していた指標を基に全体的な物価変動の方向感を確認したい。**図表5-7**では、１８７０年以降のわが国の１５０年間にわたるインフレ率の趨勢を示している。

◆第1次世界大戦期のインフレ

第１に、１８７０年から１９３０年までの期間については、卸売物価を描いているが、おおむね第１次世界大戦までは、±10％の年変化率のレンジ内での推移となっており、しばしばデフレに陥っていたのが確認されよう。

１８８０年前後の物価下落期は、松方正義大蔵卿による財政緊縮の結果として、物価下落が続いたものである。１９１７年には、第１次世界大戦の影響が反映され、それまでのレンジを上抜け３１・０％までインフレ率が上昇した。欧州での戦乱により、わが国では多くの製造業での生産が活発化したため、資材をはじめとした物価の高騰が記録されたのである。戦争の主要当事国ではなかったものの、経済活動のグローバル化の影響で、物価上昇圧力が日本にも浸透したと考えてよいだろう。その高インフレの反動から１９２０年には卸売物価は、２６・８％の大幅下落になったことから、大規模な戦争がインフレ率の変動率を一段と高める結果に至ったのが確認できよう。

図表5-7　明治期以降の物価指数

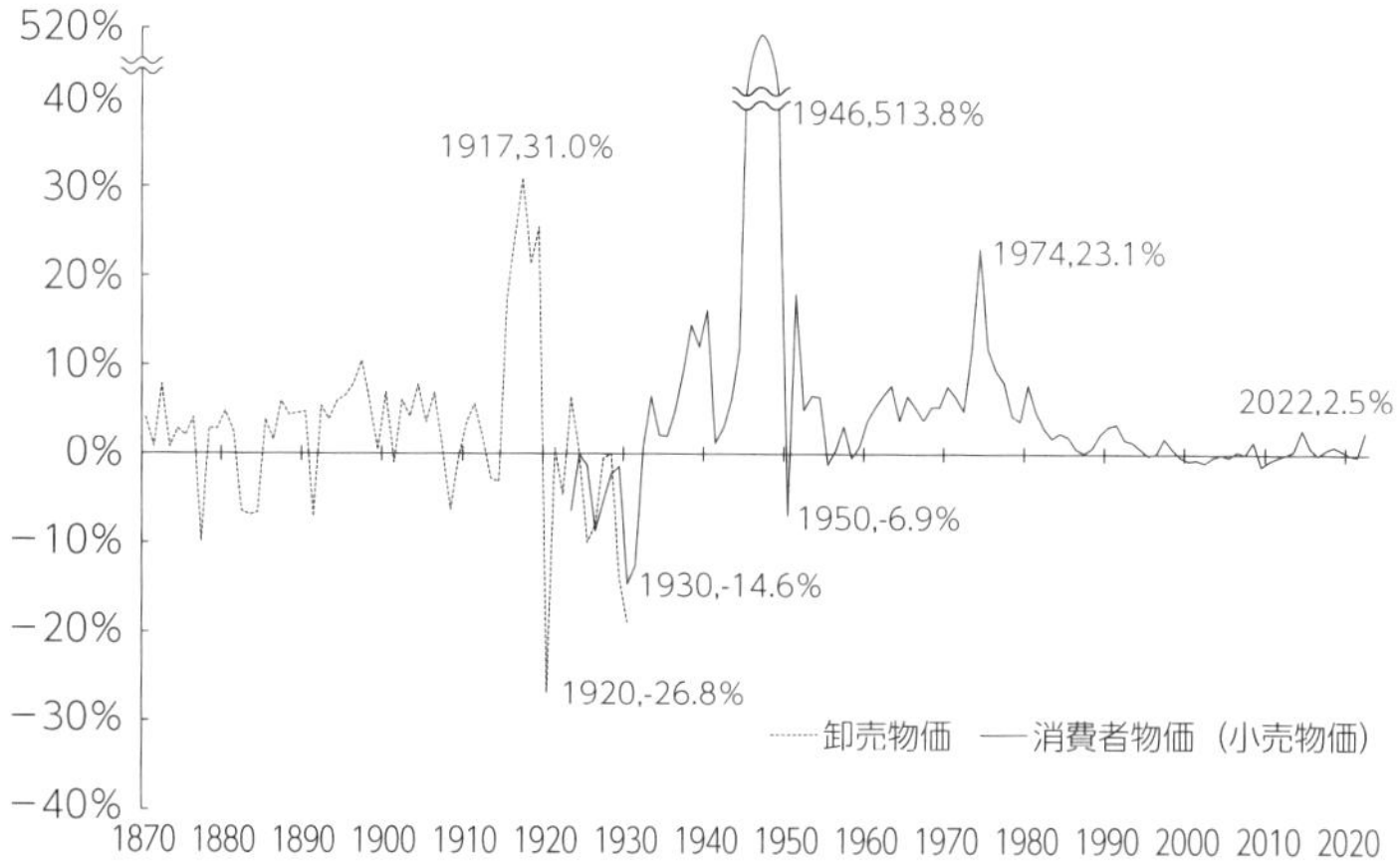

（出所）1887年までの卸売物価は逓信省編「物価並に賃銀に関する調査」、1888年以降1930年までは「東京卸売物価指数」とし、1923年以降の消費者物価（小売物価）は「東京小売物価指数」、1948年以降は「消費者物価指数」のデータを基に作成。

◆第2次世界大戦期のインフレ

第2に、1923年以降については、東京小売物価指数によりインフレ率の動向を確認しよう。1930年には、金解禁（旧平価による金本位制復帰）による日本円の切上げに加え、1929年のニューヨーク株式市場大暴落に端を発する世界恐慌の影響から、大幅な物価下落（14･6％の下落）に直面した。その後1931年末には、金輸出が再禁止され、事実上の金本位制の停止に伴う急速な円安が進行し、輸入物価上昇が懸念され、インフレ率も上昇基調に転じた。世界の主要国に先駆けて、デフレ危機を脱したのである。その後、第2次世界大戦にかけては、戦時物資の枯渇などを背景に物価上昇が進み、終戦後の1946年には500％を超えるインフレ率が多くの人々を苦しめたのはよく知られた事実であろう。

◆戦後のインフレ

第3に、1948年以降は、消費者物価指数（全国、総合）を用いると、1949年までは大幅なインフレ率に悩まされていたものの、一時的にドッジ・ライン（Dodge Line）*30による財政および金融政策の引締めがデフレ（1950年の▲6･9％）を生じさせたのが確認される。その後は一時的に物価が低下する年もあったが、1970年代にかけて、他の主要国と同様に物価は上昇基調での推移となった。1974年にはオイルショックの影響で23･1％の

＊30　戦後の物価上昇や混乱収拾のために、1949年3月に経済安定9原則の具体化構想（財政金融引締め政策）が発表された。インフレ収束の代わりに深刻なデフレ不況が発生し、失業者が増大し、企業の倒産も結果として相次いだ。GHQ（連合国軍最高司令官総司令部）経済顧問のジョゼフ・ドッジが立案したことからドッジ・プランとも呼ばれる。

物価上昇が発生し、国民生活を追い込んだ。

この時、中東情勢の悪化なども同時に発生しているため、国際対立が深刻化し、紛争や戦争に至る過程で、コストプッシュ型のインフレーションが、第1次世界大戦、第2次世界大戦に続き生じたと言える。わが国の急激な物価上昇は、国際対立と連動しており、まさに戦時インフレが数十年ごとに繰り返されてきたと言えよう。

その中でも、第2次世界大戦の敗戦による急激な物価上昇は、極端に国民生活を圧迫した事例である。この戦時インフレは、東京小売物価指数を指標にすると、戦時中よりも戦後に激しかったように見えるものの、実態は異なる。戦時期の物価指数が、公定価格を基準にしており、実態を示す[*31]闇取引を基にした物価は、資源が枯渇した戦時期のほうが、終戦直後よりも急速に高まったとの有力な研究も散見されるからである。そのため、庶民の感じるインフレによる生活逼迫は戦時期から終戦にかけて長きにわたり続いたとみなしてよいだろう。１８６０年代の幕末期に続き、80年後に再び繰り返された物価急上昇は、多くの庶民の生活を奈落の底に突き落としたのである。

中央右から、ドッジ、アイゼンハワー次期大統領、ヘンリー・カボット・ロッジ・ジュニア上院議員（１９５２年）

＊31　闇物価については第26節で詳しく記す。

26 物価急上昇は戦後だけではない？ 公表されていない戦前の闇物価[*32]

◆公定価格の有名無実化と闇物価

われわれは、第2次世界大戦の終戦を迎えた後に、惨憺たる高インフレに苛まれて、国民の生活が疲弊したと思いこんでいないだろうか。その実態は、庶民が戦時中からひどいインフレに悩まされていたというものである。

しかし、戦時中の公式の経済統計は、政府の物価統制により決められた公定価格を基に算出されており、実勢価格を基にしていないため、物価水準が低めに抑えられている。「実際に取引されていた闇相場は公式の統計には全く反映されておらず、闇物価の調査は時たま行なわれることはあっても非公式ないしは極秘の資料として扱われて公表されなかった」のであり[*33]、実勢の物価の掌握が当時としてもされていなかったことが明らかである。つまり、1930年代末以降の物価指標を概観する際には、特に公定価格と実勢価格の格差について注意しなければ

＊32　本項は、平山（2020）、232〜239頁を加筆修正したものである。

＊33　森田（1963）、81頁。

いけない。

東京卸売物価指数および東京小売物価指数（日本銀行調べ）の算出にあたっては、１９３９年10月の価格統制令実施以来、統制品目については公定価格を採用している。そのため、物価指数は、統制の拡大に伴いほとんど全品目が公定価格を基準に算出されており、消費者にとって実際の物価動向を十分に表現しきれていないのである。「経済取引の多くが闇取引として行われていたことからみて、この数字は需給を反映した物価の実勢を表しておらず、物価の実勢を把握するためには、闇取引における個別の財価格を知ることが不可欠[*34]」と言えよう。

それでは、このような公定価格と実勢価格（闇価格）の乖離がなぜ発生したのであろうか。この疑問は、企業と庶民という二者からの説明が可能であろう。軍需会社法（１９４３年12月）施行後、「軍事企業は、政府御用達として原材料資材を闇で買い漁り、不足する労働者を高賃金で集めた[*35]」ため、闇物価の上昇が顕著になった。また、生活者としての庶民は、主食類などの「公定価格は存続したものの配給不足が著しく品質は低下し、国民の闇依存が強まり、闇価格の対公定価格倍率が高まった[*36]」のである。つまり、政府による公定価格は有名無実化し、企業活動と生活をするためには、闇価格による物資調達が必要になったため、価格差が拡大したのであった。

そこで、１９４０年代における物価を見る場合には、１９３０年代までとは異なり、実勢価格を表す闇物価をベースに考える必要があろう。戦後の場合には、１９４５年９月を起点として、日本銀行が「東京闇及び自由物価指数（１９４５年９月=１００）」の消費財（50品目の

＊34　詳しくは、鎮目（２０１８）、１頁参照。

＊35　詳しくは、原（２０１１）、４４８頁参照。

＊36　詳しくは、原（２０１１）、４４８頁参照。

加重算術平均）を算出しているため、この指標を活用することが可能である。しかし、戦前については、残念ながら一般に受け入れられる闇物価指数は公表されておらず、日本銀行も、戦前・戦時期の闇物価についての指数を公表していない。そこで、手形取引や現金取引を基に実勢物価水準を推計した「森田指数」[*37]が、注目すべき存在となっている。

同指数によれば、1939年までは、公定価格を基準とした物価との乖離はわずかであったものの、1940年以降に乖離が拡大し、さらに統制が行き届かなかった小売物価の乖離が大きかったという結果を得ている。具体的な数値で確認すると1936年から1944年までの8年間の小売物価は、公定価格ベースで2・0倍、実勢価格ベースで3・9倍になっており、両者の乖離が顕著であるのが確認される。また乖離が拡がった、1941年から1944年までの3年間の小売物価上昇率は、公定価格ベースで年率6・9％、実勢価格ベースで年率24・1％となり、いかに公定価格が実勢と乖離していたのかが、森田指数からも確認できる。

◆戦時中に暴騰していた闇物価

さらに近年、多くの研究者がその必要性について言及して研究対象にしており、その一部の成果が発表され始めている。たとえば主要5品目の推計では、「各財の闇物価は大戦中から上昇が加速し」[*38]ており、戦時中のほうが戦後の物価上昇幅より大きいことが明らかにされている。これは、公定価格を基にした東京小売物価指数が、戦時中よりも戦後に大幅に上昇したことか

*37 詳しくは、森田（1963）、92～100頁参照。

*38 鎮目（2018）、12頁。同研究では、5品目の財（米、甘藷、馬鈴薯、鶏卵、砂糖）について、価格算出にあたり品質調整を行う手法であるヘドニック・アプローチを用いて、取引当事者の属性や取引場所などの違いが価格に与える影響を調整することにより、できるだけ偏りの少ない闇価格データを推計している。

ら、戦後に物価が急上昇することで経済情勢が大転換したとする通説とは異なる。またＵＳＳＢＳ（米国戦略爆撃調査団）のデータなども参考に闇取引などの情報を反映して１９４０年代の家計支出額の補間を試みた研究も発表されているが、既存研究よりも１９４４年および45年の実質家計消費が大幅に下回っていることを明らかにしている。[*39]

これらの研究に共通しているのは、家計消費がインフレにより打撃を受け始めたのは、終戦後ではなく戦時末期であり、すでに闇価格上昇の影響が国民生活に大きな影響を与えていたという点である。「国民ばかりではなく、政府自身も直接に市場価格、いわゆる闇価格を支払うのでなければ必要な商品を入手し得ない状態となり、兵器やその原料、部品とくに緊急を要するものに対しては、闇価格を支払うようになった[*40]」ため、国債や借入金による資金調達も膨れ上がったのである。政府の資材調達も闇価格で行われ、臨時軍事費特別会計も拡大しつつ、インフレが加速した点は重要な事実として認識しておきたい。

戦時期の闇物価については、今後、専門家による精査・再検証が必要とされる点で留意が必要だが、「多くの商品については闇市場が主たる市場であり、物価の実勢はむしろ闇相場の水準まで暴騰していたとみてよかった[*41]」ことから、庶民の感じる体感インフレ率は闇物価ベースであったと考えてよいだろう。そこで、以下では消費財42品目の単純平均値を用いた消費財闇物価平均（１９４３年12月＝１・００）を紹介したい（図表5-8参照）。[*42]

本来であれば、「家計の闇取引が一般化した時期については、１９４３年ではなく１９４１年からと考える[*43]」必要があり、より長期での検証が求められるが、データ制約もあることから、

＊39　詳しくは、小池（２０１９）参照。

＊40　詳しくは、大蔵省昭和財政史編集室（１９５６）、３５５～３５６頁参照。

＊41　詳しくは、森田（１９６３）、１０６頁参照。

＊42　東京小売物価指数（１９１４年７月＝１００）の総平均・１００品目は、単純算術平均により算出されている一方、戦後の東京闇及び自由物価指数は加重平均で算出されている点には、注意が必要である。

＊43　詳しくは、小池（２０１９）、43頁参照。

22	塩鮭	1貫	15.0	30.0	33.0	33.0	35.0	35.0	30.0	25.0	15.0	67%	-40%
23	キャベツ	1貫	0.6	0.7	1.0	2.0	3.0	-	-	-	-	-	-
24	リンゴ	1貫	2.0	2.0	3.5	5.0	7.0	-	-	-	-	-	-
25	サッカリン	100錠	3.0	4.0	5.0	5.0	5.0	15.0	28.0	35.0	-	1,067%	-
26	晒木綿	1反	15.0	30.0	35.0	45.0	48.0	120.0	120.0	130.0	120.0	767%	-8%
27	綿タオル	1本	1.0	2.0	3.5	6.0	8.0	12.0	13.0	15.0	15.0	1,400%	0%
28	足袋	1足	3.5	7.0	10.0	12.0	20.0	37.0	52.0	60.0	65.0	1,614%	8%
29	洋傘	1本	40.0	40.0	45.0	155.1	170.0	190.0	200.0	200.0	150.0	400%	-25%
30	牛革靴	1足	100.0	130.0	300.0	350.0	500.0	800.0	1,000.0	1,000.0	500.0	900%	-50%
31	地下足袋	1足	5.0	10.0	18.0	20.0	35.0	50.0	70.0	90.0	110.0	1,700%	22%
32	靴下	1足	2.5	4.0	5.0	7.0	10.0	13.0	61.0	18.0	20.0	620%	11%
33	銘仙	1反	50.0	70.0	80.0	120.0	140.0	160.0	180.0	220.0	250.0	340%	14%
34	銘仙蒲団	1組	100.0	150.0	1,000.0	1,200.0	1,000.0	1,100.0	1,000.0	1,300.0	2,000.0	1,200%	54%
35	木綿浴衣	1反	17.0	30.0	60.0	70.0	90.0	100.0	130.0	150.0	180.0	782%	20%
36	石鹸	1個	2.0	3.0	5.0	5.0	6.0	15.0	20.0	20.0	22.0	900%	10%
37	マッチ	大箱1個	1.0	1.2	6.0	18.0	30.0	45.0	60.0	80.0	70.0	7,900%	-13%
38	木炭	1俵	10.0	25.0	35.0	40.0	80.0	65.0	65.0	85.0	90.0	750%	6%
39	薪	1束	1.5	3.5	4.5	4.5	4.5	6.0	6.0	8.0	10.0	433%	25%
40	鎌	1丁	25.0	45.0	50.0	60.0	60.0	120.0	180.0	230.0	270.0	820%	17%
41	鍋	1個	15.0	30.0	40.0	50.0	60.0	90.0	100.0	120.0	135.0	700%	13%
42	自転車	1台	225.0	400.0	600.0	800.0	1,000.0	1,300.0	1,500.0	2,000.0	2,000.0	789%	0%
	単純平均											963.9%	21.3%
	最高											7,900.0%	316.7%
	最低											33.3%	-50.0%

（出所）The U.S. Strategic Bombing Survey (1946)を基に著者作成。変化率は変化幅の比率であり、倍率とは異なる。

図表5-8 戦時期の闇物価一覧表

	品目	単位	闇価格									変化率	
			43/12	44/03	44/06	44/09	44/11	45/03	45/06	45/07	45/11	43/12-45/07	45/07-45/11
1	米	1升	3.0	7.0	14.0	18.0	22.0	25.0	28.0	35.0	60.0	1,067%	71%
2	もち米	1升	2.5	6.0	10.0	18.0	30.0	35.0	38.0	40.0	50.0	1,500%	25%
3	小麦粉	1貫	8.0	12.0	22.0	30.0	30.0	35.0	38.0	40.0	90.0	400%	125%
4	大豆	1升	3.0	5.0	5.5	5.5	7.0	10.0	11.0	12.0	13.3	300%	11%
5	小豆	1升	4.0	5.0	5.5	6.0	10.0	11.0	11.0	12.0	20.0	200%	67%
6	馬鈴薯	1貫	2.5	3.5	3.5	7.0	8.0	8.6	12.0	13.0	15.0	420%	15%
7	玉葱	1貫	2.5	3.5	5.5	6.5	6.5	6.5	10.0	13.0	10.0	420%	-23%
8	甘藷	1貫	4.0	5.0	6.0	6.0	8.0	8.0	8.5	9.0	12.0	125%	33%
9	牛蒡	1貫	1.5	3.0	3.0	3.0	3.5	5.0	7.0	8.0	12.0	433%	50%
10	味噌	1貫	3.5	3.5	3.5	3.5	3.5	10.0	20.0	40.0	30.0	1,043%	-25%
11	醤油	1升	3.0	4.0	5.0	8.0	13.0	15.0	35.0	38.0	50.0	1,167%	32%
12	食料油	1升	15.0	20.0	40.0	90.0	120.0	140.0	180.0	220.0	170.0	1,367%	-23%
13	清酒	1升	15.0	35.0	70.0	90.0	120.0	160.0	200.0	200.0	160.0	1,233%	-20%
14	麦酒	1本	2.0	4.0	7.5	9.0	9.5	10.0	11.0	15.0	30.0	650%	100%
15	鰹節	1貫	70.0	84.0	150.0	200.0	220.0	250.0	350.0	520.0	670.0	643%	29%
16	バター	1ポンド	6.5	10.0	30.0	50.0	60.0	60.0	60.0	60.0	250.0	823%	317%
17	牛肉	100匁	3.0	8.5	14.0	16.0	17.0	19.0	23.0	27.0	25.0	800%	-7%
18	豚肉	100匁	3.5	8.0	13.5	15.0	20.0	25.0	28.0	30.0	25.0	757%	-17%
19	卵	1個	0.3	1.0	1.0	1.5	1.6	1.7	2.5	3.5	3.0	1,067%	-14%
20	砂糖	1貫	50.0	100.0	200.0	260.0	300.0	390.0	450.0	530.0	700.0	960%	32%
21	塩	1貫	30.0	50.0	45.0	48.0	40.0	35.0	35.0	40.0	35.0	33%	-13%

ここでは最も闇物価と公定価格の格差が拡がる１９４３年12月を起点として把握を試みた。

その結果、１９４３年12月から45年７月までの19か月間で、公式統計の東京小売物価指数が１・５倍にすぎなかったのに対して、消費財闇物価平均は約１０・６倍（変化率９６４％）まで急上昇しており、大幅な格差が生じていることが確認された。米やもち米、みそ、醤油、食用油、清酒、卵などの食品はこのわずかな期間で10倍を上回る水準までになっている。もちろん、特に主食と一部の調味料は配給もあったが、その配給も常に円滑に行われていたわけではない。そのため、この数値からは、庶民の生活がいかに窮乏に立たされていたかが窺われるだろう。

戦後のインフレーションが酷かったことを否定するものではないが、戦時中の庶民の生活も追い詰められていた点は再認識しておきたい。

27 戦時末期11倍、終戦時8倍の闇物価？ 敗戦国日本の物価急上昇

第26節で確認したように、戦時期の物価指数は、統制された公定価格で算出されているため、物価が低めに抑えられている。１９３８年から１９４０年にかけての小売物価指数の上昇率（年）は、10％を超えていたにもかかわらず、太平洋戦争が勃発した１９４１年１・２％、１９４２年２・９％、１９４３年６・１％に抑え込まれているだけでなく、１９４４年でも１２・０％にすぎない理由は、物価指標が意図的に低めに誘導されていたからと考えてよいだろう。終戦を待っての１９４５年には４７・０％、１９４６年には５１３・８％に急上昇している背景は、この低めに抑えられていたデータの歪みが反動となって上昇している原因と言える（**図表5-7**参照）。それでは、太平洋戦争中だけでなく戦後も含めて物価はどのように変化したのかが気になるところであろう。そこで、次に戦時期と戦後を連結して実勢価格ベースの物価指数を算出し、物価の動向の概要をつかんでみたい。

戦後の闇物価は、東京闇及び自由物価指数が公表されているため、１９４５年11月を基準に、

新橋の闇市（１９４６年２月13日）

戦前の消費財闇物価平均（42種単純平均）と連結して実態をイメージできる。この戦後の東京闇及び自由物価指数（消費財）は、品目数50（主食5、服飾品15、調味料6、嗜好品6、繊維品5、燃料2、日用品11）であり、日本銀行が算出したものである。

図表5-9は、この戦後の指数の類別平均を示しているが、第1に、日用品・副食品・繊維品を除くと、戦後の物価上昇は1948年をピークに、ドッジ・ラインが始まった1949年から下落している点が確認できる。第2に、食料品関連よりも、繊維品と燃料の価格上昇が顕著であったものの、1950年には特に繊維品が大幅に価格下落している。第3に、実勢価格で見ると、終戦後に100倍を超えるような類別平均は存在していなかったことが理解できよう。

この実勢価格ベースの物価指数が、公定価格ベースの東京小売物価指数（1914年7月基準・100品目）と比較して、どのように推移したのかを確認したのが**図表5-10**である。1943年12月を1・0とすると1948年8月に闇物価平均と東京小売物価指数が逆転し、1949年5月には闇物価平均が87・7、東京小売物価指数が125・7となった。1945年7月から1949年5月までの戦後の物価上昇は、闇物価指数が8・2倍、東京小売物価指数

図表5-9　東京闇及び自由物価指数

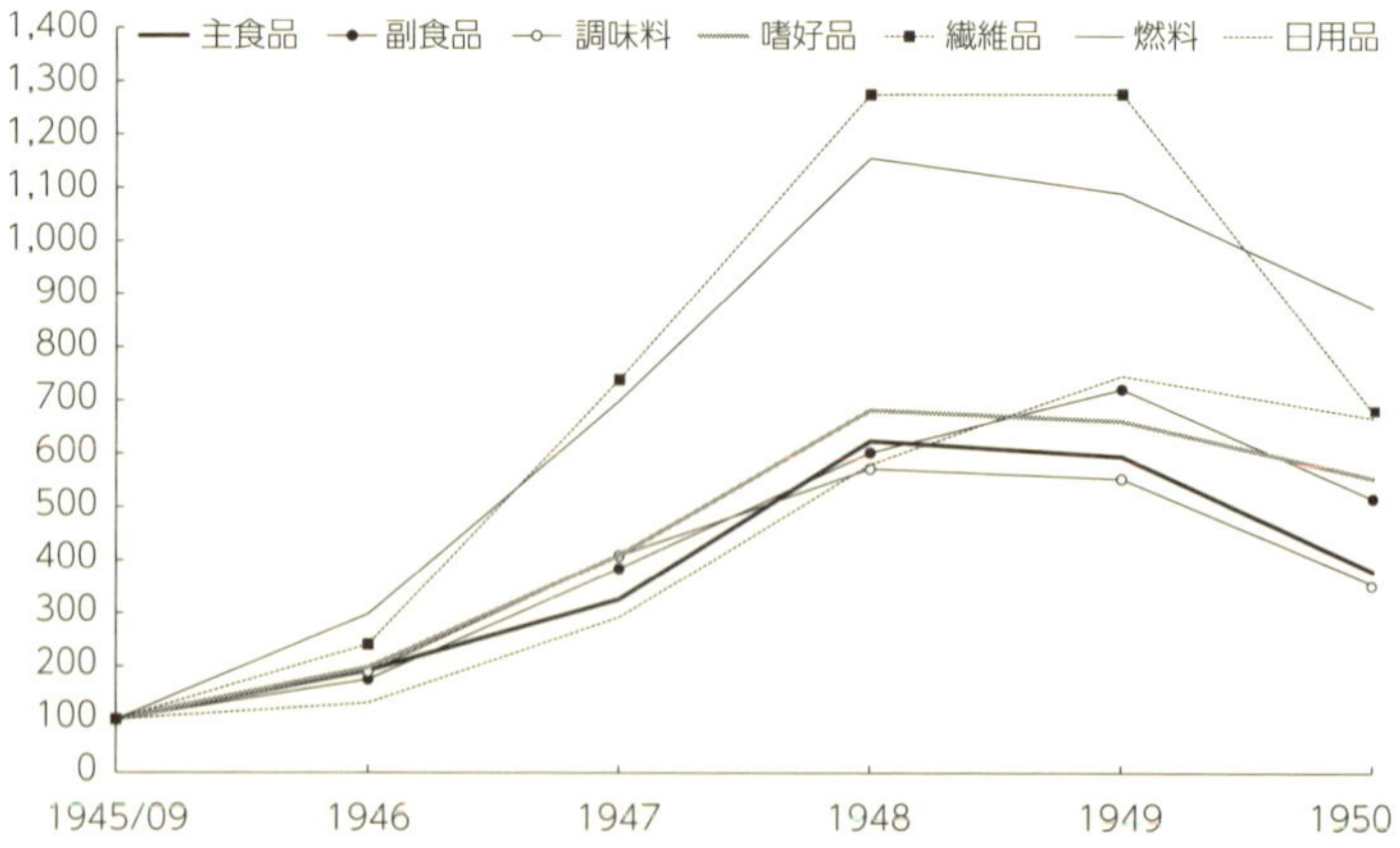

（出所）日本銀行のデータを基に著者作成（消費財・1945年9月＝100）。

が８３・５倍となっていることから、戦後の実勢物価は、一般に理解されているほど急上昇したわけではないと考えられる。

まず、東京小売物価指数を基準に確認すると、１９４３年12月から１９４５年７月までの期間では、＋５０・６％（１・５倍）であり、その後の１９４６年１月までは、＋１３７・４％になっている。終戦までは、政府の価格統制により公定価格をベースに算出された物価上昇は、相当程度抑制されていたものの、終戦とともに大幅な上昇を経験したと言えよう。特に１９４６年１月から４９年５月までは、糸の切れた凧のように歯止めのなくなった物価は大幅に上昇し、変化率は＋３、４１６・１％になっている。通期65か月で物価は、前記したように１２５・７倍になり、年率換算＋１４４・１％の上昇である。一定の金利が得られたとはいえ、預貯金者の金融資産をはるかに上回る物価上昇で、実質的な資産価値は大幅に減価したことが明らかである。

次に、消費財闇物価平均を基準に確認すると、１９４３年12月から１９４５年７月までの期間では、＋９６３・９％（１０・６倍）であり、その後の１９４６年１月までは、＋７３・７％になっている。東京小売物価指数が抑制されていたのに対して、終戦までの闇物価

図表５-10　消費財闇物価平均・東京小売物価指数

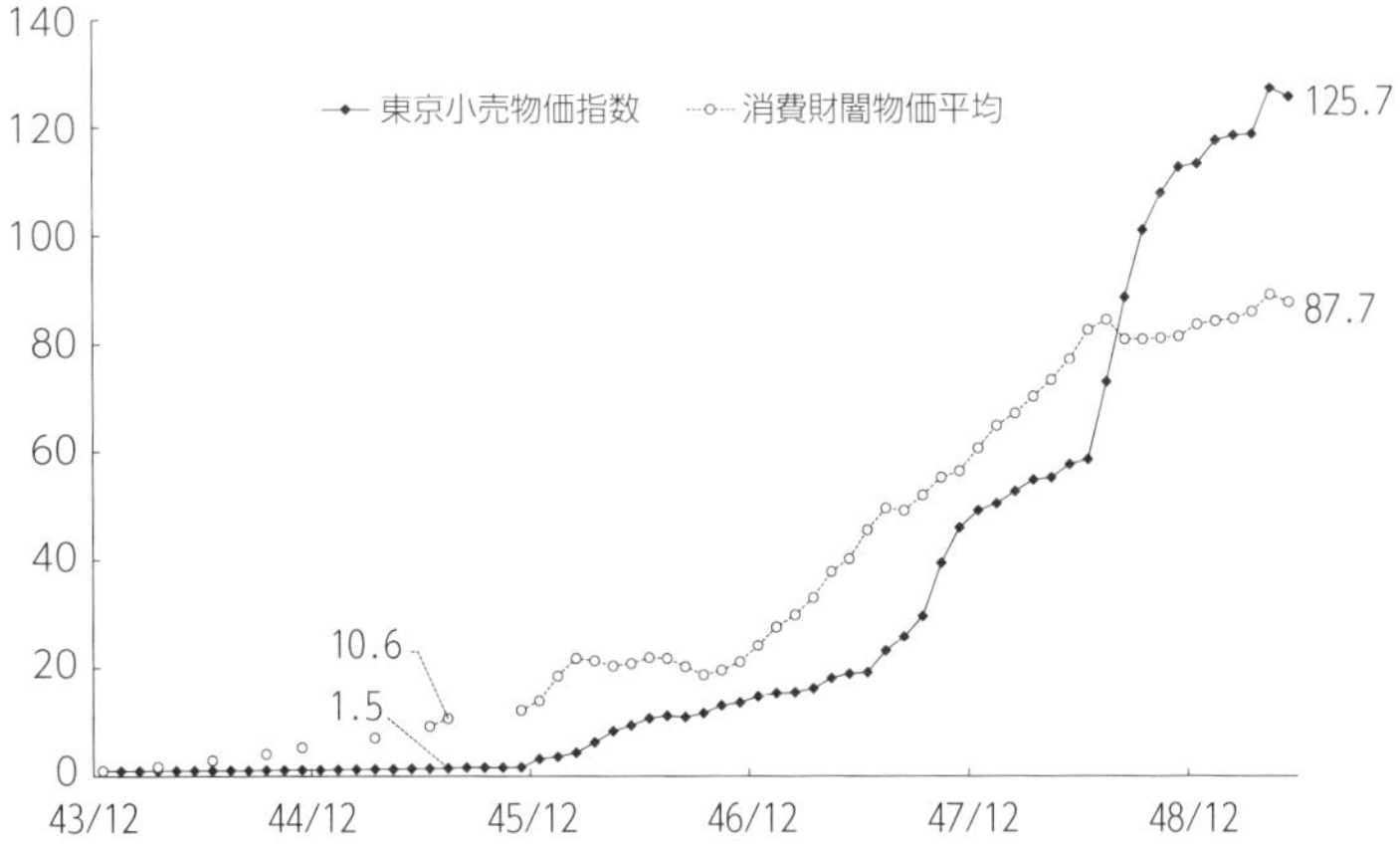

（出所）The U.S. Strategic Bombing Survey（USSBS）、日本銀行のデータを基に著者作成（1943年12月＝1.0）。

平均が10・6倍という大幅な上昇になっていたことに驚くであろう。「1944年度の総動員計画は、年度当初から計画を外れ始め、急速に縮小した最も深刻な計画であった」[*44]こともあり、資材不足が深刻さを増し、公定価格と闇物価の乖離が大きくなったことが容易に想像される。逆に1946年1月から1949年5月までは、変化率は+374・7%にとどまっている。通期65か月で物価は、実に87・7倍になり、年率換算+128・4%の上昇である。

東京小売物価指数が、戦時末期（1944年以降）に抑制され、その反動から戦後に破壊的急騰という経路を描いたのに対して、消費財闇物価平均は、戦時末期（同）から大幅に上昇していたため、戦後の上昇が東京小売物価指数ほどではなかったと言える。1943年12月以降、ドッジ・ラインが始まった1949年5月までの通期で見ると、公定価格を基準にした場合には年率144・1%、闇物価を基準にした場合は年率128・4%となるが、この差は1943年12月までに闇物価が公定物価よりも上昇していたことで生じたと考えれば合点がいく。1943年12月を基準に、1945年7月までを戦時末期、その後1949年5月までを終戦期とするならば、闇物価は戦時末期11倍、終戦時8倍になる一方、経済統計上の物価は戦時末期1・5倍、終戦時84倍であったことになる。物価上昇の経路が、経済統計から得られるものと実勢が大幅に異なることに驚かざるを得ないだろう。

以上の点から、戦時の物価変動は、政府の物価介入により統計数値が歪められるケースがあることに注意してみていくべきであろう。これは、企業行動や庶民の生活だけでなく、貨幣の貯蔵機能や金融資産の保全といった点にも影響するからである。

*44　詳しくは、山崎（2016）、761頁参照。

28 カネをめぐる歴史⑪ 戦前円安、戦後円高、そして現在

為替市場の予測ほど難しいものはない。しかし、その取引規模の大きさから、多くの投機家たちの注目の的になってきたのも事実である。民間の市場参加者だけでなく、政府も為替レートの変動に大きな関心を払ってきた。為替市場の変動により国民経済の動向が左右されるためである。時として政府は、為替市場への介入を通して、その変動を抑え込もうとする。新興国だけでなく先進国の政府も、自由フロート制下で行きすぎた為替レートの変動に対しては、市場介入してきた。急激な通貨高も、急速な通貨安も、市場参加者の需要と供給に加え、期待と不安の暴走によりブレーキがかからなくなることを防ぐためである。

われわれは、現在の為替の動きが、長期的に続くのか、それとも短期的な動きにとどまるのかを冷静に判断していく必要がある。そこで、以下では、われわれに直接影響がある日本円の長期的な推移を確認し、大局観を描くための材料を提供したい。

長期的な動きを確認するためには、戦後だけに囚われてはいけないはずである。そこで、戦

前の動きも含めて、外国為替レートの歴史を振り返ると、意外な事実が浮かび上がってくる。これまでわれわれが抱いていた「為替レート像（イメージ）」は、脆くも崩れ去るからである。われわれの抱くイメージは、平成の時代に米ドル安（円高）に苦しめられ、令和の時代に至って米ドル高（円安）への関心が高まっているという「渓谷（V字）型」の為替相場であろう。しかし、戦前も含めると、**図表5-11**に示したとおり、それとは対照的な「山地（逆V字）型」のドル相場が描けるのである。

◆戦前の円安

第1に、戦前は、趨勢的に円安が進行した時代である。19世紀に世界経済の主役を演じた英国も、第1次世界大戦で国力を損耗し、経済覇権国の地位を米国に譲った。日本円と比較しても、第2次世界大戦前の米国の成長は目覚ましく、米ドルも堅調に推移している。明治初期の新貨条例では金本位制が採用されたものの、実質的には金銀複本位制であったとされている。1884年に兌換銀行条例が制定された後に、1885年5月に日本銀行は、銀貨兌換の銀行券

図表5-11　米ドル推移（対円）

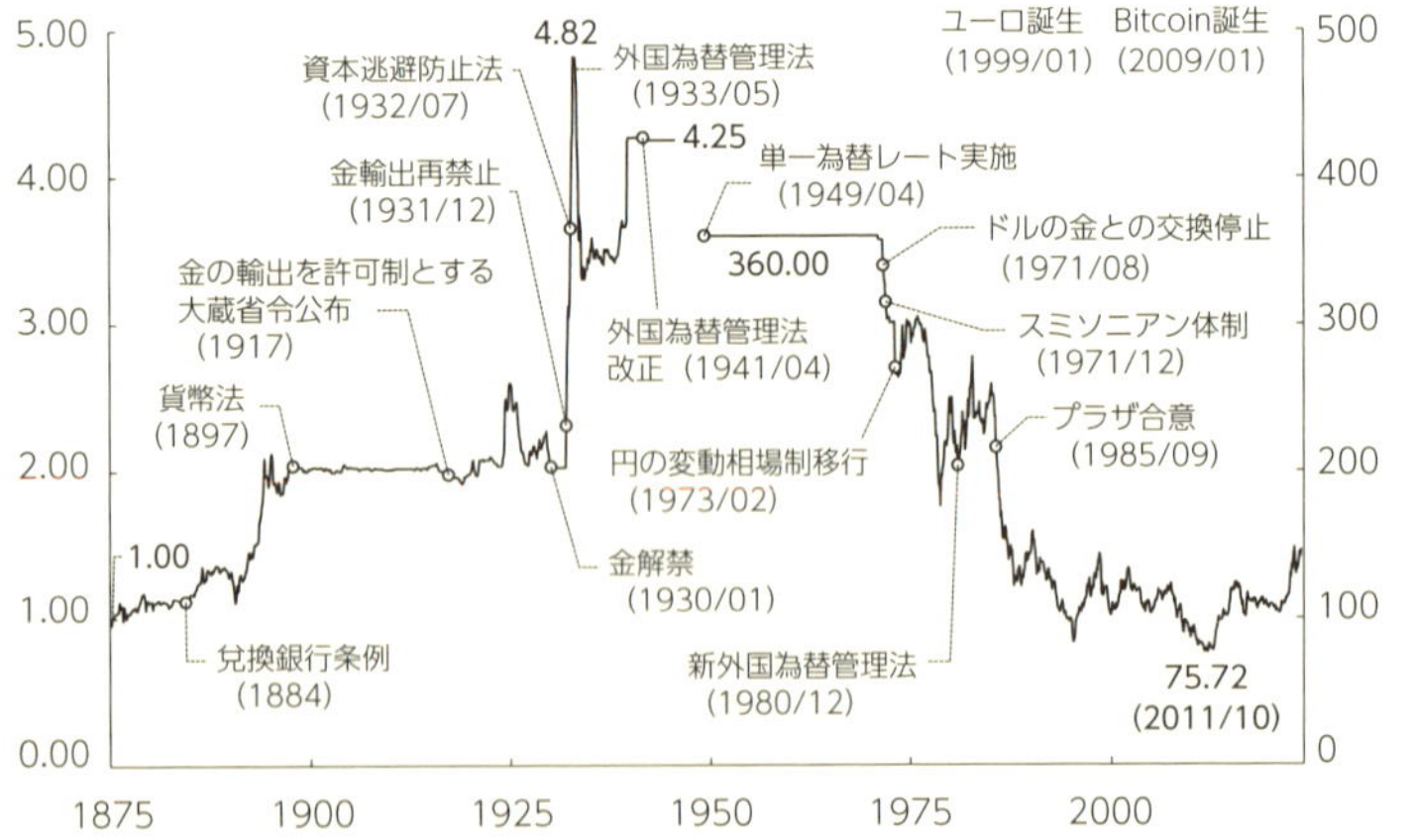

（出所）日本銀行、FRB、『金融事項参考書』等。戦前（月平均もしくは最高最低平均）は左目盛、戦後（月末値）は右目盛。

（日本銀行兌換銀券）を発行したため、わが国の通貨制度は、事実上の銀本位制に移行したと言える。明治初期の為替レートは、1米ドルが1円の水準で推移していた。しかし、その後は円安が進む過程で、1897年には、貨幣法が施行され、日清戦争の賠償金を金準備金とした金本位制が採用された。この金本位制の下で為替レートは安定的に推移し、約20年間にわたり1米ドル＝2円の水準が維持された。

しかし、1917年に金の輸出が許可制とされ、金本位制が停止されると、為替レートの変動が大きくなった。その後は、一時的に1930年に金解禁が実施された（金本位制復帰）ものの、1931年末には金輸出が再び禁止され（金本位制停止）、1932年代に米ドルは、4・82円まで急伸している。米ドルは、明治維新後の水準と比較すると対円で約4・8倍にまで上伸したのである。その後、資本逃避防止法や外国為替管理法が制定される中で、1941年の外国為替管理法が改正され、すべての為替取引が管理の対象となった。太平洋戦争の勃発は、国際通貨である英ポンドおよび米ドルと日本円の関係を絶ったのである。

◆戦後の円安

第2に、終戦をはさんで米ドルは、戦前の4・25円から、1949年4月に360・00円まで、非連続的に約85倍になる。おおむね日本円は85分の1に切り下げられたと考えてよいだろう。敗戦国の国力の減退は、通貨の信認を毀損させ、通貨の購買力を格段に低下させたのである。戦前に積み上げられた国民の金融資産は、紙くず同然となったことからも、戦争ほど悲惨なものはないと言えよう。

日本国債は、利払いが続けられ、さらに元本もきっちりと償還されたとは言え、国債保有者が得た日本円の価値は、戦前とは比べものにならないほどに減価していた。また敗戦による通貨価値の暴落は、相対的に物価の上昇を加速させ、国民の生活を苦境に追いやった。しかしこの悲観の極を経験したわが国は、国際関係の変化も手伝い、敗戦から奇跡的な復活を果たすことに成功する。昭和の時代は、やがて経常黒字を積み上げるまでに至り、日本円の位置づけが見直されるのであった。1971年8月にニクソン・ショックによる米ドルと金との交換停止をきっかけに、日本円が上昇に転じ、米ドルが減価し始めたのである。1971年12月のスミソニアン体制（1米ドル＝308円）を経て、1973年2月に日本円は変動相場制に移行した。1980年12月には、新外国為替管理法の施行により、外国為替取引・資本取引が原則として自由化されたのである。1985年9月のプラザ合意後には急速な米ドル安・円高が進み、最終的には2011年10月に1米ドル＝75・72円（ニューヨーク市場・日次引値ベース）[*45]の円高を記録した。

ニクソン・ショックから40年の歳月を経て、戦後の1米ドル＝360円を起点とすると、日本円は対米ドルで約4・8倍になったのである。奇しくも戦前に米ドルが対円で4・8倍にまで上伸した倍率と等しく、偶然にも一致している。長期の為替レート像を再度描くならば、戦後の米ドル安は、戦前の米ドル高から続く流れを引き継ぎ、終戦の2桁違いが発生したとはいえ、

＊45　東京市場での史上最高値は75・32円である。

「ひと山」越えたと見ることも可能だろう。この「山地型」イメージは、２０１１年を分岐点とした、新たな登山の始まりを予感させる。

◆国際通貨システムは変転する

ところで、忘れていけないのは、半世紀単位で変化した為替レートの大きな潮流に対して、国際通貨システムは、数十年単位で変転を繰り返してきたという点である。われわれが再度、確認しておくべきは、19世紀末から現代に至る国際通貨システムは、半世紀にわたり続いたケースは存在しないという事実であろう。これは、現在の国際通貨システムがこれからも続くという常識を疑ってみる必要があるということを意味する。

戦後だけを見ても、ブレトンウッズ体制を前提に、米ドルとの交換レートを固定化した３６０円時代は、ニクソン・ショックにより終焉を迎え、１９７３年には変動相場制に至った。プラザ合意による円高は、為替レートが国際関係上のパワーバランスにより左右される時代の幕開けを示唆し、日米の財務省（大蔵省）間の調整がものをいう国際通貨システムへのスキーム移行を意味した。さらに、１９９９年１月に誕生したユーロや、その10年後に台頭するビットコインは、既存の国際通貨システムとは異なる多様性の時代の始まりを意味している。米政府への信認を背景にした米ドル一極に集約された国際通貨システムも、多極化が進行しているのである。つまり、戦後だけを見ても、国際通貨システムは変質し、変動相場制の綻びを繕う作業が繰り返されているのである。

以上のように日本円をめぐる国際通貨システムは、目まぐるしい変転を繰り返している。国際政治の軸も多極化してきているため、グローバルに自由に資金が移動できる状況も、将来的に揺らいでいく可能性は否定できない。このような枠組みを前提にして、米ドルの対円相場は、長期的に「ひと山」越えたという位置付けを見ていく必要があるだろう。しかし長期的な為替レートのトレンドも、10年単位で変質する国際通貨システムの影響を受けるため、一本調子で進むと考えていては足元をすくわれる。為替レートの予想は、経済要因だけでなく、政治的なシステム転換要因も強くはたらくため、右往左往しない精神力が試されるのかもしれない。

29 カネをめぐる歴史⑫ 多様なカネが並立する時代

◆決済需要は落ち着く

米ドルを主軸にした不換紙幣の未来を考えるならば、われわれは、経済成長ペースに応じた決済手段としての通貨がどのように位置付けられていくかという視点から考えるべきかもしれない。必要以上に中央銀行の準備預金（当座預金など民間金融機関からの中央銀行への預金）が膨張してマネタリー・ベースが供給されたにもかかわらず、それに応じて貸出が伸びたわけではなく、決済ニーズも拡大していない。

コロナショックに限らず金融危機のたびに、中央銀行は、その危機対応としてマネタリー・ベースを拡大させて国債等を市場から大量に購入し、自身のバランスシートをも膨張させてきた。しかし前記したように、民間金融機関による貸出は思いのほか伸びていないのである。

その要因の１つとして、経済成長を支えてきた人口増加率の減速を意識して、企業の投資需要がスケールダウンしている点が挙げられるのではないか。国際連合の人口推計（２０２４年改訂版）では、世界の人口増加率は、１９６４年に2・2％でピークアウトし、２０２３年には0・9％まで低下しているが、２０４７年には0・5％を下回ると推計されている[*46]（中位推計）。人口増加率を基準にするならば、２０５０年にかけて、20世紀型の高成長・産業社会モデル（2％人口増加率・5％経済成長率）から19世紀型の安定成長モデルに回帰していく可能性は否定できない。今後は、19世紀並みの0・5％人口増加率、1％台の経済成長率になるならば、決済需要も盛り上がることなく、落ち着いてくるはずであろう。社会も情報社会化がさらに進み、ハードウエアからソフトウエア重視の時代になりつつあるため、大がかりな不換紙幣や間接金融システムによる決済機能は求められなくなる可能性がある。特に民間金融機関による貸出拡大による預金増加ペースも低調になるならば、マネーストックの伸びも抑えられるだろう。不換紙幣や金融資産・負債といったストックは膨張してきたが、今後は経済成長ペースの緩慢化が交易・物流や決済といった実態経済のフロー面のシェイプアップを加速させるため、銀行を主役にした膨大な決済インフラは必要なくなるかもしれない。

◆単一の巨大通貨システムから多様な通貨が併存する時代へ

かつて活版印刷というイノベーションにより、兌換紙幣が拡張するための基盤が整備されたのに対して、20世紀には情報通信技術によるデータの電子的振替技術が、不換紙幣と銀行預金

＊46　United Nations（2024）の中位推計を基に算出。

による大規模な国際通貨システム（金融ネットワーク）構築の起爆剤となった。金属貨幣の発掘・生産ペースを上回る決済ニーズを満たすために、大きな役割を不換紙幣と銀行預金が演じたと言えよう。一方、サイバーセキュリティの重要性が増す21世紀は、この膨大なシステム維持コストが極端に高くなるため、より堅牢で複雑なシステムを高いコストを支払い続けて構築せざるを得なくなっている。それだけに、その重荷に耐えかねて、それに代わるブロックチェーン等の新技術をベースとした、安価な仕組みを活用した決済機能を追求する動きが加速しているのである。その延長線上には、20世紀型の巨大な国際通貨システムは必要なくなる将来が見え隠れしている。経済成長の安定化により、決済ニーズもペースダウンするからである。20世紀型の拡張経済に適応したニクソン・ショック後の不換紙幣も、安定成長に適応した決済手段に衣替えする時期が到来しているのかもしれない。

さらにカネは、人々に受け入れられ、使用されてこそ、その機能を果たしてきたという歴史的経験に照らすならば、「価値を表現し、社会に共有する仕組み」[*47]である点を忘れてはいけない。世の中が、財務的価値に加え、二酸化炭素排出量や従業員満足度といった非財務情報も含めて、多角的に価値を計測していくことが求められているならば、貨幣の計測機能も、複数の尺度（モノサシ）を提供していくことが求められるのではないか。オルタナティブデータの計測技術やブロックチェーン技術の活用といった価値を表現する技術の変化は、伝統的な商品貨幣の領域を超え、素材にかかわらず何らかの価値を表現し、象徴する記号として捉えていくほうが、現実を理解しやすいかもしれない。[*48]

＊47　詳しくは、鎮目（２０２０）、33頁参照。

＊48　詳しくは、鎮目（２０２１）「貨幣の起源」、『社会経済史学事典』１８４頁参照。

その点では、特定の地域だけで通用する地域通貨、グローバル企業の決済コストを減らすための企業通貨に加え、通常の金融資産とは異なる動きをする暗号資産（仮想通貨）による分散効果の追及などが、ビッグデータ活用のプラットフォームにより可能になってきている点にも注目すべきかもしれない。単なる電子記帳に基づく銀行システムから、データ管理能力の飛躍的拡大による多様な通貨の併存が受け入れられるようになっているわけである。確かに、米ドルを基準に様々な資産や取引の価値を画一的に計測するほうが効率的かもしれないが、いずれ画一的なシステムも時代の趨勢にそぐわなくなっていった点は、カネをめぐる歴史が示すとおりである。であるならば、より安価でセキュリティが確保できる仕組みが多数存在して、代替可能なシステムが併存するほうが、全体としての安定性が増すはずである。われわれがかつて経験した金本位制の離脱やニクソン・ショックによる物価の変動率の非連続的上昇を避けるためにも、多様なカネの仕組みを用意しておく智慧が求められているのではないか。

30 日本のインフレ率は定期預金金利よりも低かった？　買うチカラとタンス預金

明治維新後、第1次世界大戦、太平洋戦争、そしてオイルショック時の高インフレを経験した際にわが国の庶民は、保有する金融資産の価値を減じることなく保全できていたのであろうか。最終節にあたり、金融資産の保全という観点から物価と金利の関係について、過去１５０年間の日本の事例をひもといてみたい。

図表5-12では、定期預金金利（１９４９年まで6か月定期、１９５０年以降1年定期）を10年間にわたり保有した場合の運用成果（複利年率）と過去10年間インフレ率（幾何平均年率）を比較している。単年での比較も可能だが、インフレ率の年率の変動幅が大きいため、庶民が10年間貯蓄をした場合に、その金融資産の実質的な価値の増減を把握しやすいように10年間の成果を比較している。なお、インフレ率については、**図表5-2**および**図表5-3**で参照した『日本銀行百年史』のデータを活用し、金利との関係を示している。

ちなみに１８７６年から２０２２年にかけての１５０年弱の期間の平均的な定期預金金利は

4・4％であり、1990年までは安定して推移していた。時期は若干ずれるが、1879年から2022年までの消費者物価指数の平均的な上昇率は6・3％である。そのため、多くの期間では「インフレ率＜定期預金金利」という関係になっていたが、通期の平均値では「インフレ率＞定期預金金利」となっており、定期預金による資産保全が可能でなかったと言える。その理由は、後に記すように太平洋戦争前後のインフレ率が高過ぎたため、通期でのインフレ率を引き上げたからである。

物価上昇のペースが金利込みの預金の増加ペースよりも早ければ、買える量が減少してしまう。つまり、「インフレ率＞定期預金金利」という関係の時期には、預金した結果としての購買力が低下しているのである。この購買力は、金融資産の「買うチカラ」と表現してもよいだろう。資産保全が適わなかったため、早く財やサービスを購入しておけばよかったという後悔が残る残念な結果と言ってよいだろう。

このような時期を特定すると、インフレ率が上昇した第1次世界大戦期、第2次世界大戦期、オイルショック期には、定期預金金利を上回り、定期預金が物価対比で目減りしているのが確認さ

図表5-12　明治期以降のインフレ率と定期預金の運用成果

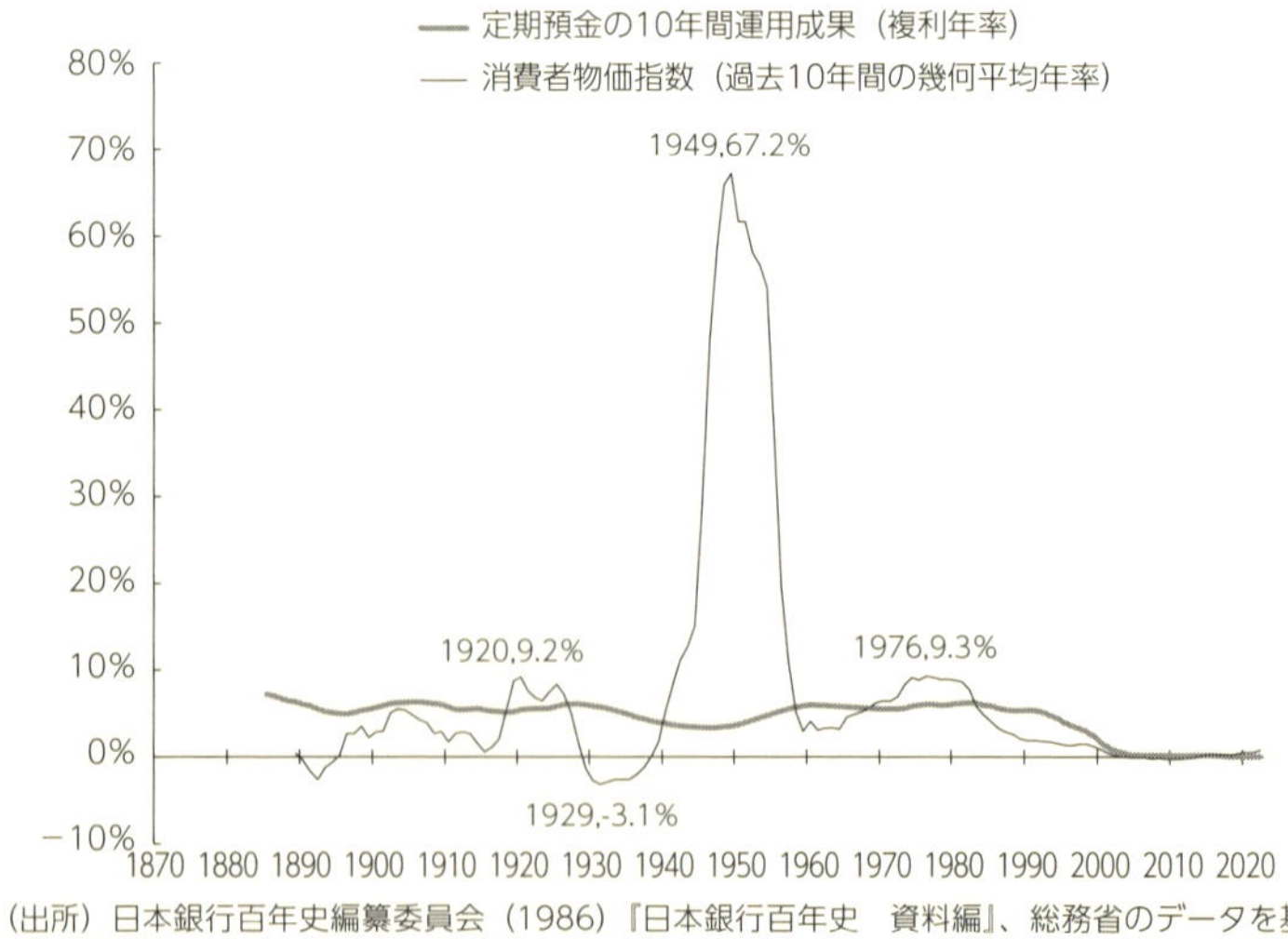

（出所）日本銀行百年史編纂委員会（1986）『日本銀行百年史　資料編』、総務省のデータを基に著者作成。

れる。実質的には、定期預金では価値保全ができなかったそれぞれの期間について確認してみると次のようになる。

◆第１次世界大戦によるインフレ

第１に、第１次世界大戦のインフレ率上昇では、１９１９年までの10年間のインフレ率が６％を超え、同期間の定期預金金利を上回ったため、資産保全が適わなかったことになる。これは実に１９２６年まで続くことになるが、おおむね定期預金金利の水準が６％を挟んで、５・５％から６・５％のレンジで推移していたため、インフレ率が６％を超えると、定期預金による買うチカラが減ったと言える。

１９２０年にかけての日本は、好景気を謳歌したため、「低金利と企業収益率の高まりにつれて株式ブームが発生し、特に１９１４年後半から17年前半にかけて株式市場は熱狂的場面を展開した」[*49]。その後は、１９３１年までの10年間のインフレ率が年率▲３・１％までに低下しているため、極端に定期預金の成果が高まった。デフレ時代にもかかわらず、定期預金金利が大幅に下がらなかったため、庶民の金融資産の実質的価値は大いに増進したと言えよう。

＊49　詳しくは、粕谷・伊藤・橋本（２０１１）、38頁参照。

◆第2次世界大戦によるインフレ

第2に、終戦前後のインフレ率であるが、当時は、戦費調達のために、国債の購入や貯蓄が奨励された戦時期を経た時代であり、多くの庶民の資金が預貯金などを介して金融機関に吸収されていた（第27節で示したように実勢価格ベースでは戦時期からインフレ率は上昇）。世の中は、個人の消費を極力抑制し、戦時体制に協力するために、より多くの資金を預貯金に流入させただけに、その価値が保全されたか否かは、多くの人々に大きな影響を与えたと言えよう。しかしドッジ・ラインが始まる直前の１９４９年には、過去10年間の平均インフレ率が６７・２％となり、預金者の金融資産はおおむね紙くず同然になってしまった。しかも、１９４６年には新円切り替えによる預金封鎖が実施され、富裕層には高い財産税負担が課せられたことから、敗戦による国民資産はことごとく破壊されつくしたのである［Column❺］。

その後１９７０年頃までは、金利が規制されていたた

Column❺
預金封鎖

1946年２月、第２次世界大戦直後の極度のモノ不足と通貨増発により生じた悪性のインフレーションを阻止するために、金融緊急措置令・日本銀行券預入令が公布された。これは、同年２月17日以降、全金融機関の預貯金を封鎖し、流通している日銀券（旧銀行券）を強制的に金融機関に預金させた上で、生活費や事業費などに限って新銀行券の払出しを認めるものであった。流通する通貨を制限することで、加速する物価上昇の抑制を図ったものであり、「新円切り替え」と呼ばれている。しかし、インフレーションの抑制は一時的な効果にとどまり、銀行券発行高は再び増勢に転じている。

『日本銀行百年史』（第五巻、49～50頁）は、「どのような内容のものであろうとも、通貨措置というものに対して、国民に抜きがたい不信感と不安感を植え付けることになったのは大きなマイナスであった」と総括している。歴史的には明らかな失敗であったとされているため、現代において「累増する政府債務を預金封鎖により補填する」という奇策の実現可能性は、平時においては低いと言えるかもしれない。

め、ほぼ定期預金金利が５％程度で安定的に推移していたことが確認できる。さらに１９６０年代も、平均してみれば定期預金金利は、消費者物価指数の前年比伸び率であるインフレ率を上回っていたため、多くの預金者は、物価が上昇しても、その上昇率よりも高い金利を得ることが可能だった。「インフレ率＜定期預金金利」であれば、預貯金を中心にした資産運用により、金融資産の拡大が物価上昇を上回ったため、金融資産の買うチカラは強化されたと言える。わが国では、インフレ率よりも定期預金などの金利水準が高い時期が長かったため、預貯金を活用した資産運用が一般化しているのも頷ける。多くの人々にとって、最強の資産運用手段の１つとして、定期預金などが利用されてきたわけである。

◆オイルショック期のインフレからゼロ金利時代へ

第３に、オイルショック期のインフレ率は、この関係が逆転して、「インフレ率＞定期預金金利」になる。１９７６年までの10年間では、インフレ率の平均が９・３％になっているため、定期預金で実質的に資産は保全できなかったのである。しかしその後は、第１次世界大戦や第２次世界大戦前後と同じように、「インフレ率＜定期預金金利」に戻っている。そして金融機関の破たんが相次いだ１９９０年代半ば以降、定期預金金利は、日本銀行が金融緩和政策を加速させたため、急低下して「ほぼゼロ金利」になったのは、預金者にとっては衝撃だったのではないか。過去10年間の定期預金金利も２００４年には０・５％を下回っている。とはいうものの、世の中はデフレ圧力が強く、消費者物価指数の前年比伸び率もマイナスであり、「インフレ率＜定期預金金利」の状態が続いた。

金利がほぼゼロとは言え、少し待っていれば物価が低下するため、定期預金でも買うチカラは維持されたのである。定期預金金利平均はゼロ水準に近づいたが、インフレ率もマイナス圏に突入することも多かったため、銀行に預金せずに、「タンス預金」にしておけば、低下する物価のおかげで、買うチカラは高まった時期でもある。

◆異次元緩和の先に

この状況に変化がみられたのが、２０１０年代半ば以降である。日本銀行による異次元の超金融緩和政策が実施され、少なくともインフレ率は、ゼロを上回るようになってきたからである。インフレ率は上昇し、定期預金金利を上回り、「インフレ率＞定期預金金利」という関係に変化しているため、定期預金では買うチカラが低下する事態が続いたのである（２０２３年現在）。

従来、戦時やオイルショック時には、インフレ率が急上昇することで、一定水準を維持する定期預金金利を上回ってきたものの、２０１０年代半ば以降のインフレ率は緩やかな上昇であるため、これまでのパターンとは異なっている。明治維新以降、世界の産業社会化の流れに追いつこうと努めてきた日本の立ち位置が、異なる経済状況に突入したかのようにも見えるだろう。このパターンの転換が暗示するのは、これまでの資金運用の常識が当てはまらない時代（定期預金で購買力を維持できない時代）の到来なのか、慎重に見ていく必要があるかもしれない。

おわりに

本書では、イングランドの超長期データを基に、物価史に関する深掘りを試みた。世界の物価の変遷については、その概要を把握するために、13世紀以降の物価循環を4つの超長期波動に区分して整理している。もっとも、歴史の評価は、観察者次第で大きく変化するため、シンプルな歴史区分で把握しきれるものではない。われわれは、単純化により短兵急に歴史を評価するのは避けるべきである。しかし、2020年以降、グローバルに物価が不安定化しており、現代の状況を歴史的文脈の中で、どのように位置づけたらよいのかという声も多くなっている。本書では、そのニーズに応えていく意義も大きいと考え、多くの読者が理解しやすいように、一つの枠組みに則りつつ整理している。読者にあっては、①古バビロニアから中世まで、②大航海時代と17世紀の危機、③戦乱と革命の18世紀前後、④エネルギー価格循環の影響が高まった19世紀後半以降の4期にわたる歴史を、それぞれに分けて深掘りし、現代の物価を考える上でのベースラインとすることができれば、著者として望外の喜びである。

また、モノの価格である物価と表裏一体の関係にあるカネの仕組みである貨幣や通貨制度についても、「カネをめぐる歴史」と称して概観した。地域内での決済に使用された商品貨幣にとどまらず、金や銀、銅や鉄を基準とする金属貨幣が使用され、さらに紙幣の活用による地域間の決済も視野に入れた仕組みも併存していくという多様な世界が広がっていたことに対して、われわれは驚きを感じざるを得ないはずだ。現代の政府に対する信認に基づく国際通貨システムは、グローバルに浸透している所与の仕組みとして、すっきりと整理できるかもしれない。しかし、歴史を遡りカネをめぐる原風景を追い求めていくと、多様な貨幣が混在しつつ、使い分けられるカオスの世界が存在していたのである。

さらに、わが国の物価の歴史については、世界の物価の概要とは別に、第5章で独立して取り扱った。日本では、物価の時系列推移を把握していく難易度が、イングランドとは比べようのないほどに高いからである。わが国の場合には、16世紀までは農村部では商品貨幣が中心であったため（銭が使用される時期もあったが途中で断絶しているため）、貨幣を尺度に通時的に計測された物価データが得にくいという難点がある。そのため、通時的な物価推移については、特に17世紀の江戸時代以降に絞って整理せざるを得ない。この近世以降に限ったわが国の物価は、社会の大変動に歩調を合わせるようにインフレ率が上昇しており、その水準が欧米よりも格段に高かったという点が浮き彫りになった。21世紀を生きるわれわれにとって日本のインフレ率は、他地域対比で低位で推移しているというイメージが定着しているかもしれないが、社会システムの転換期に急速なインフレが生じていたという点は頭の片隅おいて置くべきかもしれない。

ところで、カネとモノの関係を歴史的に探っていくと、複雑であるがゆえに、うまく頭の中で整理できずに消化不良に陥るかもしれない。そこで巻末にあたり、本書の内容を簡単にまとめておきたい。おおむね、次の4点に集約されるのではないか。

1　超長期波動で区分できる13世紀以降の物価循環

13世紀以降の物価循環は、おおむね4つの超長期波動に区分でき、各波動は、それぞれ「物価・安定均衡期→物価上昇・変動期→物価安定化期」という3つの期間から構成されると考える。物価上昇・変動期は、13世紀、16世紀、18世紀、20世紀が相当し、数百年単位で物価上昇期が繰り返されてきたのである。なお、16世紀の物価上昇については、新大陸からの銀の大量流入（急速な貨幣量の増加）が物価上昇を発生させたとされることが多い。この「貨幣量が価格を決定する」という貨幣数量説は、一時的な要因たり得ても、長期にわたり観察する限り、人口増加やインフレ観の変化が、最終的には物価を左右するものと想定される。

また、この物価上昇が治まり、落ち着きを取り戻す物価安定化期へ移行する時期には、①14世紀および17世紀のように、黒死病の流行による人口減少圧力が高まるケース、②19世紀のように産業革命の浸透により生産性が上昇するケース、③20世紀末から21世紀にかけてのように情報社会化の世界的な浸透によるエネルギー需要の増加ペースが減退するケースなどがあり、それぞれの波動における社会的背景は、まちまちであったことが確認されよう。今後は、③の情報社会化に加え人口増加率の低下など、超長期的に物価を抑制する圧力に変化がないか否かを注視していくべきかもしれない。

2　急激だった20世紀の物価上昇

20世紀のインフレ率は、過去3回の超長期波動の物価上昇・変動期をはるかに上回っている。高い人口増加率、産業化に伴うエネルギー価格上昇、グローバル経済に大きな影響を及ぼす戦争、ニクソン・ショックなど国際通貨システムの大転換といった要因が複合的に、急激な物価上昇の発生に影響した可能性がある。13世紀以降における物価の歴史を見る限り、20世紀の中でも１９７０年代の急激な物価上昇は、その水準の高さや範囲の広さという点で、稀な事例と言ってよい。歴史上も、フランス革命からナポレオン戦争に至るフランスや南北戦争期の米国のように、局所的な事例はあっても、世界中で同時発生的に高インフレ率が生じたことはなかったからである。

20世紀の物価上昇・変動期は、特に、１９７１年のニクソン・ショック以降に顕著になっている。この転換は、金や銀を裏付けにした国際決済通貨が、米国政府および米金融システムに対する信認を裏付けにした国際決済通貨へ移行した一大事件であった。単に国内の現地決済通貨が、兌換紙幣から不換紙幣に変化したわけではなく、米ドルという国際決済通貨が金や銀とのリンクから解き放たれたため、物価上昇もグローバルに拡散したのである。フランスにおけるアッシニア紙幣や米国のグリーンバックといった不換紙幣の大量発行は、当時の局地的な物価上昇をもたらしたが、これらのケースの場合は、国内の現地決済通貨にとどまり、国際決済通貨が不換紙幣化するのとは次元が格段に違うと言えよう。

今後は、国際決済通貨を発行する米政府および米金融システムに対する信認が持続する限りにおいては、物価に対して1970年代のような衝撃をもたらすことはないであろう。一方、国際決済通貨については、徐々に変質した後に急速に衰退する可能性も指摘されているため、米ドルの機能面での変化や、国際関係におけるパワーバランスなどを注意深く見ていく必要があるだろう。国際決済通貨を基盤とする国際通貨システムの転換は、物価に対して、一定程度の上昇圧力として影響を与える可能性があるからである。

3　2020年以降は国際関係の悪化・通貨システムの揺らぎが物価上昇圧力に

2020年代の物価状況は、数百年単位で見る限り物価安定・均衡期に相当するため、1970年代に経験したような物価上昇・変動期を前提にする必要はないかもしれない。しかし、数十年単位で繰り返される国際関係の悪化や国際通貨システムの揺らぎは、サプライチェーンや国際的資金移動の分断により、数年から十数年は物価上昇圧力としてはたらく可能性は否定できない。このことは、21世紀初頭のように、主要国が、インフレ率の上昇を意識せずに財政拡張・金融緩和政策を実行できる時代ではなくなっていることを意味するだろう。インフレ率の変動は、政策決定にあたって、無視するには大きくなり過ぎているからである。

特にわが国にあっては、現在のインフレ率が相対的に低いからと言って安閑とすべきではないだろう。物価の歴史をひもとくと、明治維新前後、第2次世界大戦前後といった歴史の非連続面では、急激な物価上昇が発生するパターンが繰り返されているからである。この時期には、インフレ率の急上昇により、実質賃金が大幅に下落しているため、庶民の生活は大きなショックに見舞われている。労働者ばかりでなく、65歳超人口比率が30％を超えるわが国にあっては、年金の物価連動性が期待できない限り、年金生活者の苦境は社会全体の不安に格上げされるはずである。わが国の物価急上昇は、数十年ごとに社会全体を揺るがしてきただけに、一歩早めの対応が求められると言えよう。

4　一様ではない賃金、消費者物価、資産価格の関係

モノとカネは表裏一体であり、インフレ率や金利というモノサシを用いて、時間経過に伴う変化を把握していける。なかでもインフレ率には、対象とするモノの種類に応じて、様々な切り口で捉え得る。歴史的には、小麦や米といった農産物価格、薪（木）や石油といったエネルギー価格、そして製品価格の変化率だけでなく、賃金や土地価格などの変化率もあわせて、世の中の変化を見ていくとよい。これらの変化率は、常に同じ方向に連動するわけでない。人口・貨幣・社会心理などが、それぞれの物価に与える影響度合いが異なるためである。

現代を生きるわれわれにとっては、①消費者物価が落ち着いていても土地や株価といった資産価格が上昇するケース、②消費者物価が上昇しても賃金が上昇しない実質賃金低下のケース、

③労働人口減少により賃金が上昇し資産価格が頭打ちになるケースなど多様な組み合わせが発生しうる点を再確認すべきだろう。また、フランス革命や第1次世界大戦後のハイパーインフレにおける庶民の生活は、農産物価格の上昇により困窮を究めた事例は、②の顕著な事例として記憶しておくべきである。食料などの生活必需品の急騰は、多くの庶民を苦しめるため、回避すべき事例の一つと言えよう。

さらに賃金と資産価格の位置づけは、前者が優位になれば所得の平準化が進み、後者が優位になれば富裕層の保有する財産シェアが拡大するように、社会の経済的格差を左右する。しかし、20世紀末から21世紀初頭にかけて物価が安定していた局面では、日本を除く主要国の賃金は消費者物価を上回っているものの（実質賃金上昇）、資産価格の上昇ペースはそれを上回るため、富の格差は拡大している。従来、物価が落ち着く局面では、実質賃金が上昇する一方、金利や地代が低下するため、富裕層にとっては受難の時代になる傾向があった。ところが、現在、このパターンは、資産価格の上昇ペースが高いため、①のケースになっているのである。T・ピケティも、1970年代以降の物価安定化期に、世界の富は一部の富裕層に集中し、人類は、格差が拡がる不平等化の時代を経験していると指摘しているが[*1]、この動きが長期化し、21世紀初頭にも顕著になっているのである。

果たして、賃金と資産価格の関係は、過去のパターンとは異なる新しい位置づけに転移したのか、それとも現在の資産価格の上昇が異常であり、いずれ修正されて過去のパターンである③のケースに戻るのかという点は、今後の金融市場を考える枠組みの一つになるだろう。

＊1　詳しくは、Piketty（2014）参照。

本書は、2001年の拙著『金利史観』、2008年の拙著『振り子の金融史観』に続く位置づけにあたる書籍として、特に物価史に焦点を当てて執筆したものである。特に金利史については、同時発刊の姉妹書『金利の歴史』において詳しく記しており、そちらも参照していただければ幸いである。

『物価の歴史』、『金利の歴史』は、学術書を中心に確認作業に時間を要したため、企画から1年以上を経過しての脱稿となった。三週間で書き上げた『日銀ETF問題』を担当頂いた土生健人氏にあっては、前著と比べて時間を要した本書の執筆に驚かれたかもしれない。それにもかかわらず、粘り強くお付き合い頂き、種々アドバイスを賜ることができた。巻末にあたり、このご厚意に感謝申し上げたい。

また、編集作業を引き継ぎ、最終的な発刊に至るまでサポート頂いたのが浜田匡氏である。込み入った内容の書籍にもかかわらず、適切なアドバイス等を頂き感謝に堪えない。

2024年8月31日

平山　賢一

第５章

滋賀県大津市・崇福寺跡出土の和同開珎
https://commons.wikimedia.org/wiki/File:Wad%C5%8Dkaichin_found_at_S%C5%ABfuku-ji_Temple_Site_TNM_front.jpg?uselang=ja

永楽通宝の「鋳写（いうつし）鐚銭」（室町末期）
https://commons.wikimedia.org/wiki/File:Bitasen.jpg?uselang=ja

寛永通宝文銭
https://commons.wikimedia.org/wiki/File:Kanei-tsuho-bun.jpg

田沼意次
https://commons.wikimedia.org/wiki/File:Tanuma_Okitsugu2.jpg?uselang=ja
原典：Makinohara Museum of History（牧之原市史料館所蔵），Okitsugu.com

天保の飢饉を描いた渡辺崋山画『荒歳流民救恤図』
https://commons.wikimedia.org/wiki/File:%E5%A4%A9%E4%BF%9D%E3%81%AE%E5%A4%A7%E9%A3%A2%E9%A5%89.jpg?uselang=ja
原典：https://kotobank.jp/image/dictionary/nipponica/media/81306024015636.jpg

新井白石
https://commons.wikimedia.org/wiki/File:Arai_Hakuseki_-_Japanischer_Gelehrter.jpg?uselang=ja

ドッジ、アイゼンハワー次期大統領、ヘンリー・カボット・ロッジ・ジュニア上院議員（1952年）
https://commons.wikimedia.org/wiki/File:President-elect_Eisenhower_Visits_the_White_House_73-3919.jpg?uselang=ja
原典：https://www.trumanlibrary.gov/photograph-records/73-3919

新橋の闇市
https://commons.wikimedia.org/wiki/File:Black_market_in_Shinbashi.JPG?uselang=ja

交子
https://commons.wikimedia.org/wiki/File:Jiao_zi.jpg?uselang=ja

ジョン・ロー
https://commons.wikimedia.org/wiki/File:John_Law-Casimir_Balthazar.jpg?uselang=ja

第３章

アッシニア紙幣
https://commons.wikimedia.org/wiki/File:Assignat_de_5_livres_(des_Domaines_nationaux).jpg?uselang=ja

第４章

ベルリンのオーバーウォール通りにあるレンテンマルク発行センターの前の行列
https://commons.wikimedia.org/wiki/File:Bundesarchiv_Bild_183-H29263,_Berlin,_Ausgabe_der_neuen_Rentenmark.jpg?uselang=ja

１レンテンマルク紙幣
https://commons.wikimedia.org/wiki/File:1_rentenmark_1.11.1923_xx.jpg

暗黒の木曜日（1929年10月24日）のニューヨーク株式取引所前
https://commons.wikimedia.org/wiki/File:Crowds_gathering_outside_New_York_Stock_Exchange.jpg?uselang=ja
原典：https://www.pennlive.com/business/2019/10/stock-market-crash-of-1929-left-people-hysterical-with-fear.html

ニクソン大統領と日本の佐藤栄作首相
https://commons.wikimedia.org/wiki/File:President_Nixon_and_Prime_Minister_Eisaku_Sato_of_Japan_at_San_Clemente_-_NARA_-_194752.jpg?uselang=ja

1990年、クウェートのアラー・フセイン・アリー首相とイラクのサダム・フセイン大統領
https://commons.wikimedia.org/wiki/File:Kuwaiti_Prime_Minister_Alaa_Hussein_Ali_1990_with_Iraqi_President_Saddam_Hussein.jpg?uselang=ja

【画像出所】

第１章

古バビロニア時代の武器もしくは王笏を持った支配者

https://www.metmuseum.org/art/collection/search/322603

リディア王国のエレクトラム金貨

https://www.metmuseum.org/art/collection/search/252455

デナリウス銀貨

https://www.metmuseum.org/art/collection/search/248052

ソリドゥス金貨

https://www.metmuseum.org/art/collection/search/462708

フロリン金貨

https://commons.wikimedia.org/wiki/File:Fiorino_d%27oro.jpg
（出所）Classical Numismatic Group, Inc. http://www.cngcoins.com

ドゥカート金貨

https://commons.wikimedia.org/wiki/File:Venezia_Ducato_1400.jpg
（出所）Classical Numismatic Group, Inc. http://www.cngcoins.com

黒死病

https://commons.wikimedia.org/wiki/File:Doutielt3.jpg?uselang=ja

第２章

トーマス・グレシャム

https://digitalcollections.nypl.org/items/510d47e3-e749-a3d9-e040-e00a18064a99

ポトシ銀山

https://commons.wikimedia.org/wiki/File:Cerro_de_Potos%C3%AD._Grabado_en_madera,_del_libro_Cr%C3%B3nica_del_Per%C3%BA,_1552,_de_Pedro_Cieza_de_Le%C3%B3n.jpg?uselang=ja

ヨハネス・グーテンベルク

https://digitalcollections.nypl.org/items/510d47df-d715-a3d9-e040-e00a18064a99

Division（2024）, "World Population Prospects 2024".
U. S. Department of Commerce（1976）, "Historical Statistics of the United States, colonial times to 1970."（邦訳）アメリカ合衆国商務省編／斎藤眞・鳥居泰彦監訳（1986）『アメリカ歴史統計』第Ⅰ巻・第Ⅱ巻、原書房。

Fergusson, A. (1975), "When Money Dies – Nightmare of the Weimar Collapse", Lulu. Com.（邦訳）アダム・ファーガソン／黒輪篤嗣・桐谷知未訳（2011）『ハイパーインフレの悪夢』新潮社。

Fischer D. H. (1996), *The Great Wave*, Oxford University Press.

Galor, O. (2022), "The Journey of Humanity: And the Keys to Human Progress", Random House.（邦訳）オデッド・ガロー／柴田裕之監訳・森内薫訳（2022）『格差の起源』NHK出版。

Kerridge, E. (1953), "The movement of rent, 1540-1640", *The Economic History Review*, 6 (1), 16-34.

Mitchell, B. R. (1988), "British Historical Statistics", Cambridge University Press.（邦訳）B. R. ミッチェル／犬井正監訳・中村壽男訳（1995）『イギリス歴史統計』原書房。

Morgan, E. V. (1965), "The Theory and Practice of Central Banking, 1797-1913", Psychology Press.（邦訳）E.ビクター・モーガン／小竹豊治監訳（1989）『貨幣金融史』慶應通信。

Mundell, R.A. (1963), "Capital Mobility and Stabilization Policy under Fixed and Flexible Exchange Rates.", *Canadian Journal of Economic and Political Science*, 29 (4), pp. 475-85.

North, D. C. (1981), "Structure and change in economic history", W. W. Norton & Company. Inc.（邦訳）ダグラス・C・ノース／大野一訳（2013）『経済史の構造と変化』日経BP。

Outhwaite, R. B. (1982), "Inflation in Tudor and Early Stuart England (2nd edition)", Macmillan.（邦訳）R.B.オウスウェイト／中野忠訳（1996）『イギリスのインフレーション』早稲田大学出版部。

Palyi, M. (1972), "The twilight of gold, 1914-1936 : myths and realities". Chicago : Regnery.

Rude, G. E. (1954), "Prices, wages and popular movements in Paris during the French Revolution", *The Economic History Review*, 6 (3), 246-267.

Spufford, P. (1988), "Money and its use in medieval Europe (No. 1993)", Cambridge University Press.

The U.S. Strategic Bombing Survey (1946), *The Effects of Strategic Bombing on Japan's War Economy*, Pacific War Report No.53, U.S. Government Printing Office.（邦訳）米国戦略爆撃調査団／正木千冬訳（1950）『日本戦争経済の崩壊』日本評論社。

United Nations, Department of Economic and Social Affairs, Population

ベネット・マッカラム（2010）「中央銀行の将来：米国史からの教訓」『金融研究』第29巻第４号、31～38頁、日本銀行金融研究所。

松浦一悦（2014）「国際金本位制の構造」『松山大学論集』第26巻第５号、１～29頁。

右谷亮次（1993）『失敗の軌跡　企業年金の歴史』企業年金研究所。

三井高雄編（1933）『新稿両替年代記関鍵　巻２考証篇』岩波書店。

三井文庫編（1952）『近世後期における主要物価の動態』

本山美彦（1986）『貨幣と世界システム』三嶺書房。

森田優三（1963）「戦時の物価」、森田優三編（1963）『物価』春秋社、81～116頁。

森野栄一（2000）「忘れられた思想家シルビオ・ゲゼル」、河邑厚徳＋グループ現代（2000）『エンデの遺言　根源からお金を問うこと』NHK出版。

山崎志郎（2016）『太平洋戦争期の物資動員計画』日本経済評論社。

湯沢威（1996）編『イギリス経済史　盛衰のプロセス』有斐閣。

英文

Bank of England, A Millennium of Macroeconomic Data for the UK.
Bernstein, P.（2000）, "The Power of Gold: The History of an Obsession", John Wiley & Sons.（邦訳文庫版）ピーター・バーンスタイン／鈴木主税訳（2005）『ゴールド：金と人間の文明史』日本経済新聞出版。
Bresciani-Turroni, C.（1937）, "Economics of Inflation: A Study of Currency Depreciation in Post-War Germany", John Dickens & Co. Ltd.（邦訳）ブレッシアーニ・トゥローニ／大内兵衛抄述（1946）『インフレーションの経済学』日本評論社。
Cooper, R. N.（1987）, "The International Monetary System：Essays in World Economics", Cambridge, Mass. MIT Press.（邦訳）リチャード・クーパー／武藤恭彦訳（1988）『国際金融システム―過去・現在・未来』、HBJ出版局。
Dalio, R.（2021）, "Principles for Dealing with the Changing World Order: Why Nations Succeed or Fail", Simon and Schuster.（邦訳）R.ダリオ／斎藤聖美訳（2023）『世界秩序の変化に対処するための原則―なぜ国家は興亡するのか―』日本経済新聞出版。
Farber, H.（1978）, "A Price and Wage Study for Northern Babylonia during the Old Babylonian Period", *Journal of the Economic and Social History of the Orient*, 21（1）, pp.1-51.

大学出版会。

鎮目雅人（2021）「貨幣の起源」、社会経済史学会編（2021）『社会経済史学事典』184〜185頁。

住田紘（2000）『地球環境変化と経済長期変動　太陽黒点変動との関係を中心に』同文舘。

関根栄一（2023）「中国の人民元国際化戦略とデジタル人民元との関係・展望」『フィナンシャル・レビュー』第153号、207〜240頁、財務省財務総合政策研究所。

高木久史（2016）『通貨の日本史』中央公論新社。

高島正憲（2017）『経済成長の日本史』名古屋大学出版会。

高島正憲（2023）『賃金の日本史』吉川弘文館。

高槻泰郎・牧原成征・柴本昌彦（2017）「農業金融の矛盾と公債市場の安定」、深尾京司・中村尚史・中林真幸編『岩波講座　日本経済の歴史　第２巻近世　16世紀末から19世紀前半』岩波書店、105〜148頁。

瀧澤武雄・西脇康編（1999）『日本史小百科　貨幣』東京堂出版。

槌田敦（2002）『新石油文明論』農山漁村文化協会。

西村雄志（2007）「19世紀後半のグローバリゼーションと国際金本位制の展開」『松山大学論集』第18巻第６号、119〜153頁。

日本銀行貨幣博物館（2017）『貨幣博物館　常設展示図録』

日本銀行金融研究所（1997）「金融研究会「日本の貨幣・金融史を考える〜古代の貨幣および中世から近世への移行に伴う貨幣の変容を中心として」の模様」『金融研究』第16巻第２号、47〜73頁。

日本銀行百年史編纂委員会（1986）『日本銀行百年史』第６巻。

日本銀行調査統計局（2000）「物価指数を巡る諸問題（資料）」『日本銀行調査月報』2000年８月号、125〜171頁。

原薫（2011）『戦時インフレーション：昭和12〜20年の日本経済』桜井書店。

平山賢一（2020）「終戦前後に市場の断絶はあったのか　―戦後の市場構造転換と投資成果―」、伊藤修等編（2020）『日本金融の誤解と誤算　通説を疑い検証する』勁草書房、211〜243頁。

平山健二郎（2004）「貨幣数量説の歴史的展開」『経済学論究』第58巻第２号、29〜62頁。

深尾京司・斎藤修・高島正憲・今村直樹（2017）「巻末付録　生産・物価・所得の推定」、深尾京司・中村尚史・中林真幸編『岩波講座日本経済の歴史２　近世16世紀末から19世紀前半』岩波書店、283〜300頁。

深尾光洋（1990）『実践ゼミナール　国際金融』東洋経済新報社。

【参考文献】

和文

浅井良夫（2005）「IMF８条国移行と貿易・為替自由化：IMFと日本：1952～64年（上）」研究報告No.42、成城大学経済研究所。

伊藤宏之・河合正弘（2023）「国際通貨体制の変遷：為替レート制度とトリレンマ制度」『フィナンシャル・レビュー』第153号、76～122頁、財務省財務総合政策研究所。

伊藤正直（1989）『日本の対外金融と金融政策』名古屋大学出版会。

岩井克人（2000）『二十一世紀の資本主義』筑摩書房。

大蔵省昭和財政史編集室編（1956）『昭和財政史』第９巻、通貨・物価、東洋経済新報社。

大塚久雄（2001）『欧州経済史』岩波書店。

大塚英樹（1999）「江戸時代における改鋳の歴史とその評価」『金融研究』第18巻第４号、73～94頁。

粕谷誠・伊藤修・橋本寿朗（2011）『山一証券100年史（上）』日本経営史研究所。

上川孝夫（2006）「国際金本位制に関する覚書」『エコノミア』第57巻第１号、75～93頁。

上川孝夫（2013）「ブレトンウッズ体制の回顧：新解釈」『エコノミア』第64巻第１号、95～127頁。

河合正弘（2023）「2020年代の国際通貨システム」『フィナンシャル・レビュー』第153号、９～75頁、財務省財務総合政策研究所。

河邑厚徳＋グループ現代（2000）『エンデの遺言　根源からお金を問うこと』NHK出版。

軍司裕昭（1994）「宋代の紙幣―中国紙幣の源流―」『國士舘大學政經論叢』第６巻第１号、97～121頁。

黒田明伸（2003）『貨幣システムの世界史』岩波書店，および文庫版（2020）。

小池良司（2019）「1940年代の家計消費の補間」金融研究所ディスカッションペーパーNo.2019-J-２、日本銀行金融研究所。

齋藤壽彦（2002）『信頼・信認・信用の構造』泉文堂。

鎮目雅人（2018）「第二次世界大戦中の日本の闇物価について――ヘドニック・アプローチに基づく推計――」金融研究所ディスカッションペーパーNo.2018-J-17、日本銀行金融研究所。

鎮目雅人（2020）『信用貨幣の生成と展開―近代～現代の歴史実証』慶応義塾

ま行

や行

ら行

わ行

さ行

た行

な行

は行

索　引

英字

あ行

か行

【著者紹介】

平山　賢一（ひらやま　けんいち）

東京海上アセットマネジメント株式会社　参与 チーフストラテジスト。

埼玉大学大学院人文社会科学研究科博士後期課程修了、博士（経済学）。東洋大学・学習院女子大学非常勤講師、明治大学 研究・知財戦略機構客員研究員。約35年にわたりアセットマネジメント会社においてストラテジストやファンドマネジャーとして、内外株式・債券等の投資戦略を策定・運用。運用戦略部長、執行役員運用本部長（最高投資責任者）を経て現職。『金利史観』、『振り子の金融史観』、『戦前・戦時期の金融市場』（令和２年度証券経済学会賞）、『日銀ETF問題』、『オルタナティブ投資の実践』（編著）、『物価変動の未来』など著書多数。

物価の歴史

2024年12月１日　第１版第１刷発行
2025年６月15日　第１版第３刷発行

著　者　平　山　賢　一
発行者　山　本　継
発行所　㈱　中　央　経　済　社
発売元　㈱中央経済グループ パブリッシング

〒101-0051　東京都千代田区神田神保町１－35
電話　03（3293）3371（編集代表）
03（3293）3381（営業代表）
https://www.chuokeizai.co.jp
印刷／三英グラフィック・アーツ㈱
製本／㈲　井　上　製　本　所

ISBN978-4-502-50961-2　C3034